LE MAROC

ERRATA.

— Dans les 3 premières feuilles de cet ouvrage, lisez *Abd-er-Rahman* partout où on a imprimé, par erreur, Abd-er-Rhaman.

— Page 4, note 1. Lisez *British* au lieu de Britisch.

— Page 5. Au lieu de 1055 (1639), lisez : *1055 (1645)*; Au lieu de 1078 1662., lisez: *1078 (1667)*.

— Page 9, 8e ligne. Lisez *Soueira*, au lieu de Soneira.

— Page 11, ligne 20. Au lieu de Grabcry, lisez *Graberg*.

— Page 14, ligne 5. Lisez *Mouloud*, au lieu de Miloud.

— Page 20, ligne 7. Ajoutez, après Zafarines, le véritable nom de ces iles qui est *Djafarin*.

— Page 32, ligne 7. Lisez *Fas el Djedid*, au lieu de Faz Djedid.

— Page 34, ligne 18. L'aberda ou serijel, lisez la *berda* ou la *seridja*.

— Page 36, à la fin, *patres comederunt unam verbum et dentes filiorum obstupuerunt.* Lisez : *patres comederunt uram acerbam*, etc.

— Page 42, ligne 3. Fihie, lisez *Filiae*.

— Ibidem, ligne 7. *Et ornata es aurae et argento, et vestita es bysso ex polymito et multicoloribus,* lisez *Et ornata es auro et argento, et vestita es bysso et polymito,* etc.

— Ibidem, ligne 17. *Dedi armillas in manibus tuis et circulos*, etc. Placez des points suspensifs entre le dernier et l'avant-dernier mot qui appartiennent à des versets différents.

— Ibidem, à la fin de la page. — Rétablissez ainsi cette citation d'Isaïe : ..... *elevatae sunt filiae Sion, et ambulaverunt extento collo, et nutibus oculorum ibant...... et composito gradu incedebant...... auferet Dominus ornamentum calceamentorum et lunulas, ei torques et monilia, et armillas, et mitras, et discriminalia,* etc.

— Page 43, ligne 3. — Fascia pectoralix, lisez *pectoralis*.

LE MAROC

NOTES D'UN VOYAGEUR

(1858-1859)

Par M. Léon GODARD, prêtre.

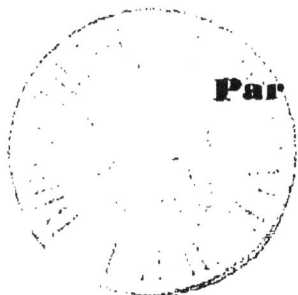

ALGER

JUILLET 1859.

1859

LE MAROC

NOTES D'UN VOYAGEUR

1858-59.

Quand on examine la situation actuelle des Etats musulmans, on est frappé du caractère exceptionnel que présente
le Maroc, au double point de vue de la politique intérieure
et des relations avec les peuples chrétiens. Des bords du Danube à la Nubie, de la Tunisie à la Perse, un mouvement de
réforme et de progrès s'opère au sein des gouvernements de
l'islam. Partout de généreuses tentatives ont pour but de
corriger autant que possible le vice des lois et de l'administration, et de faire entrer les mahométans en part des avantages de notre civilisation moderne. Il est permis de croire
que les princes ne réussiront pas à relever les nations qu'ils
gouvernent, à moins qu'elles n'abandonnent complétement
le Coran pour l'Evangile, ce que nous n'osons pas espérer ;
mais on ne pourrait sans injustice refuser un tribut d'éloges
aux efforts de Mahmoud II et d'Abd-ul-Medjid, de Méhémet-
Ali, d'Abas et de Saïd-Pacha, d'Ahmed-Bey et de Mohammed, son successeur, pour assouplir le mahométisme aux
conditions de la civilisation européenne. Les noms que je
viens de citer forment un singulier contraste avec celui
d'Abd-er-Rhaman, le vieux chérif qui se cache à Mequinez
aux regards du monde chrétien et à ceux même de ses
sujets.

Plus les autres souverains, ses coreligionnaires, travaillent à diminuer l'ignorance et le fanatisme de leurs peuples, à introduire les améliorations matérielles et morales qu'il semble possible d'emprunter à l'Europe, plus Abd-er-Rhaman s'enfonce dans les anciens préjugés hostiles à la lumière et à toute salutaire influence. Grâces à ce système, le Maroc est un pays très peu connu ; ses richesses sont en grande partie latentes et inutiles à ses propres habitants ; il descend de jour en jour de la barbarie à l'état sauvage, et rien n'annonce qu'abandonné à lui-même il puisse, dans un temps donné, mettre un terme à cette décadence. Il a une frontière commune avec l'Afrique française ; il n'est séparé de l'Europe que par un canal étroit, où passent et repassent continuellement de magnifiques navires à vapeur et à voiles ; de Gibraltar, l'Angleterre contemple ses rivages ; l'Espagne les touche de la main, et, chose étonnante ! il nous reste aussi étranger que la Chine ou l'Afrique centrale. Celle-ci a eu ses explorateurs sérieux, ses Barth, ses Vogel, ses Richardson, ses Owerveg, ses Livingston ; à cette heure même, les pionniers de la civilisation l'attaquent par le Fezzan, par le Sénégal, par le Nil et les Gallax, par le Niger, par le Cap, par Libéria et le Dahomey. L'empire des chérifs reste pour ainsi dire seul en dehors de l'action de l'Europe et de ses investigations scientifiques.

Cependant l'opinion publique, en France particulièrement, n'est pas indifférente aux questions qui regardent l'empire des chérifs ; je n'en voudrais pour preuve que la facilité avec laquelle se sont écoulés la plupart des écrits publiés sur le Maroc dans ces dernières années. Les éditions en sont épuisées. Ce n'est pas que les auteurs de ces livres aient pénétré au cœur du pays et qu'ils en aient révélé les mystères. Non ; car le voyageur est arrêté par le manque de sécurité et le mauvais vouloir des autorités marocaines. Toutefois on a recueilli avec empressement les moindres détails que les visiteurs d'une partie du littoral livraient à la publicité. C'est que le Maroc, tout le monde l'a compris, doit, dans un prochain avenir, subir la conquête européenne, ou se transformer, en ouvrant à notre influence, à nos explorations, à notre commerce, non-seulement ses abords, mais les régions lointaines du Tafilet et de l'Oued-Drâa. Lever le plus petit côin du voile dont il s'enveloppe, c'est faire une bonne action ; car c'est hâter, au moins dans les vœux de tous, le moment où la pression violente ou morale de l'Europe changera, pour le bien général, la situation déplorable de ce vaste pays.

Géographiquement, le Maroc n'est connu que d'une manière bien imparfaite. Sauf quelques itinéraires plus ou moins exacts et qui souvent ne s'accordent guère entre eux, nous n'avons que des notions éparses, des renseignements vagues ou qui se rapportent à des temps déjà trop éloignés. Une bonne carte du Maroc est une œuvre impossible aujourd'hui. Nous devons le dire, quel que soit le mérite de celle de M. le capitaine Beaudoin, gravée au dépôt de la guerre, quelque labeur que se soit imposé M. Renou, pour sa *Description géographique de l'empire du Maroc*, publiée par l'ancienne commission scientifique de l'Algérie, le territoire du Maroc, est trop montagneux, trop accidenté pour que l'on puisse en dresser la carte sur les souvenirs des Arabes, comme l'a fait, non sans succès, M. Daumas, relativement aux plateaux uniformes du Sahara algérien. Ni les livres trop vieux de Léon, de Marmol, de Diégo de Torrès, ni les notes prises au crayon sous le coup de la mort par Réné Caillé, ni les itinéraires écourtés du rénégat Badia y Leblich et des voyageurs, auxquels M. Renou s'est trouvé réduit, ne dissipent les nuages qui couvrent encore la majeure partie de ces contrées que nous aurions tant d'intérêt à connaître. Le voyageur chrétien au Maroc est placé dans des conditions qui empêchent toute étude topographique précise et sur une grande étendue. Il nous est permis, en droit, de voyager au sein de l'empire, et les Anglais, dans le traité signé à Tanger, le 9 décembre 1856, ont introduit une disposition qui auto-

rise les sujets et marchands de la Grande-Bretagne à résider
où ils voudront sur les terres du Sultan (1) ; mais en fait, ce
n'est guère praticable. Voulez-vous aller de Tanger à Tétuan
ou à Larache, il faut être accompagné au moins d'un soldat,
outre votre guide. La règle est de payer 20 francs au cavalier
pour cette journée de marche. Mais s'agit-il de vous rendre
de Tanger à Fez, un soldat ne suffit plus à vous protéger ;
il faut une escorte de quatre hommes, et encore ce n'est
qu'une garantie imparfaite de sécurité. Par là le consul, votre
protecteur naturel, met à l'abri sa responsabilité ; mais
il ne peut assurer que la canaille ameutée par quelque marabout ne vous fera pas un mauvais parti, malgré vos gardes :
cela reste toujours au rang des probabilités assez graves pour
qu'on en tienne compte. Aussi MM. les consuls, on le com-
prendra et nul ne leur en fera un reproche, sont plutôt dis-
posés à détourner les voyageurs de pénétrer dans l'intérieur
du pays, qu'à les engager dans cette périlleuse entreprise.
Les routes où l'on rencontre le moins de difficultés sont
celles de Tanger à Tétuan, de Tanger à Arzilla, à Larache,
à Kasr-el-Kebir. Celle de Tlemcen à Ouchda n'est pas dangereuse, et l'on va sans crainte, accompagné d'un soldat, de
Mogador à Maroc. Fez et Mequinez offrent plus d'obstacles.
Sur d'autres chemins, on serait gravement soupçonné de faire
des reconnaissances en vue de la conquête du pays et alors
de grandes précautions deviendraient nécessaires pour se
mettre à l'abri d'accidents fâcheux.

Les Marocains n'admettent pas qu'un roumi voyage dans un
but inoffensif de plaisir ou d'étude ; on est à leurs yeux un
ennemi, un espion. Conséquemment, il ne conviendrait point
de se montrer muni d'instruments de mathématiques et d'a-
voir l'air de relever un plan ou même d'essayer un croquis de

_____

(1) Article V. All Britisch subjects and merchants wo may
wish to reside in any part of the dominions of the sultan
of Marocco shall have perfect security for their own persons
and property, etc.

paysage. Sans doute on peut s'aventurer plus ou moins hors des limites que nous traçons, et revenir sain et sauf; mais ces coups-là ne servent pas à grand chose et ils ne sauraient se renouveler sans faire quelque victime. Quelques traits récents donneront une idée de la difficulté de ces voyages.

En septembre dernier, je me rendis de Tétuan à Ceuta par terre, muni d'un sauf-conduit que m'avait accordé, non sans peine, Khetib, ministre des affaires étrangères, arrivé à Tétuan depuis peu de jours.

Il paraît que, selon les conventions qui existent entre le Maroc et l'Espagne, nul Européen ne peut venir de l'intérieur au préside espagnol, sans une autorisation spéciale d'Abder-Rhaman lui-même. Khetib céda aux instances que lui faisait M. Nahon, agent consulaire de France à Tétuan, et il me dit : « Pour l'amitié du consul général de France à Tanger M. de Castillon, et par déférence pour le premier prêtre chrétien que nous ayons vu à Tétuan, je prends sur moi de te donner un laisser-passer. » Je partis et pus examiner librement ce que la route offre d'intéressant au voisinage de la ville : le port Negro, garanti par un petit fort construit en 1055 (1639), sous le pacha Mohammed Narsis ; le port d'Emsa, commandé aussi par un fortin qui date de 1078 (1662). Mais parvenu à travers d'âpres montagnes non loin de Ceuta, je me vis entouré par des hommes de mauvaise mine et tous armés comme le sont les Rifains. Ils me défendirent d'avancer. Je présentai vainement le sauf-conduit de Khetib; ils répondirent qu'ils se souciaient fort peu de lui, qu'ils avaient dans la montagne leur caïd particulier, sans la permission duquel je n'avancerais pas. Je dépêchai un courrier à ce personnage, et en attendant je voulus inspecter les parages voisins de Dar-Beïda et du marabout de Sidi-Embarek. Cela ne me fut pas possible; si je faisais un pas pour m'écarter du groupe berbère, on accourait sur moi en criant : *Tierra de Moros ! Tierra de Moros !* — D'abord je me débattis afin de passer

outre ; mais ce fut un vacarme effroyable ; on me saisit par
les jambes et mon cheval par la bride. Le soldat et un brave
homme de Maure de Tétuan, qui m'accompagnaient me sup-
plièrent de ne faire aucune opposition : « *Por Dios ! Por*
Dios ! ne dis rien à ces gens-là ; il t'arriverait malheur. » Je
ne pus cependant mettre pied à terre sans dire à haute voix :
« Attendez un peu. Le moment viendra où j'irai à la recherche des ruines romaines en compagnie d'une armée française.
Alors nous verrons. » Cette menace imprudente fut accueillie
par des railleries et des imprécations. J'attendis mon courrier jusqu'au lendemain vers dix heures et durant la nuit je
ne dormis que d'un œil. J'ignore si les bruits de guerre qui
venaient de Mellila contribuaient à rendre ces barbares plus
intraitables. Mais il me parut évident qu'on ne pouvait pas
réussir à étudier de près le pays en présence de dispositions
si hostiles.

Au mois d'octobre, M. Jacques Altaras aîné, chef d'une
importante maison de commerce de Marseille revenait en
France après avoir été à Fez et à Mequinez, où il obtint une
audience de Moulé-Abd-er-Rhaman. Il fit bravement ce
voyage sans quitter son costume européen, l'habit noir et le
chapeau à forme élevée. Les Marocains purent le voir s'abri-
tant du soleil sous un large parapluie et foulant de son pied
profane la terre sacrée d'Ouazzan. Mais quatre soldats veil-
laient sur lui : protection gênante et dispendieuse. De plus,
il venait évidemment comme négociant ; il était assisté des
marchands de Fez avec lesquels il avait d'anciennes relations. Sa qualité d'israélite lui aplanissait les voies, en ce
sens que les Marocains tolèrent ses coreligionnaires plutôt
que les chrétiens. Enfin, parlant couramment l'arabe du Magreb, il effaçait en partie la mauvaise impression causée par
son costume. On avouera qu'un voyage accompli dans ces
conditions ne prouve pas qu'il soit facile de connaître l'intérieur de l'empire.

Remarquons d'ailleurs que le chrétien, comme le juif, dans

les villes du Maroc, à l'exception de Tanger, est relégué au
quartier juif appelé *Melah*, et qu'il ne peut espérer de visiter aucune mosquée, celles surtout qui sont le plus véné-
rées et dont l'étude importerait le plus à l'histoire de l'art.
Le seul moyen qu'un chrétien ait à prendre pour voir, par
exemple, à Fez, la mosquée de Moulé-Edris, sans apostasier
préalablement, c'est d'y pénétrer en jouant sa tête sous les
dehors d'un musulman. Un artiste distingué, que j'ai eu pour
compagnon de voyage au mois de septembre 1858, n'a pas
reculé devant cet obstacle, et il a réussi. Mais il y avait tant
de chances contre lui, qu'à son retour à Tanger, plusieurs
auraient eu peine à l'en croire, s'il n'avait fourni des preuves
matérielles et irrécusables dans les dessins de son album re-
connus par les gens du pays.

M. Buchser, de Soleure, en vue d'étudier la capitale de
Moulé-Edris et ses monuments, combina discrètement à
Tanger ce voyage de Fez. Sans l'aide ni l'avis d'aucun des
consuls, il se mit en route, ayant pour guide et pour inter-
prète un malheureux renégat, ancien soldat aux chasseurs
d'Afrique. Il s'était fait raser la tête, avait coiffé le turban et
appris les gestes et les postures prescrits par les rites
musulmans. Le renégat était chargé de le faire passer aux
yeux des Marocains pour un santon de la plus haute volée
parmi les Turcs, et de dire qu'il se rendait par dévotion en
pèlerinage au tombeau de Moulé-Edris. M. Buchser se trouvait ainsi dispensé de parler l'arabe qu'il ne connaissait pas,
et il distribuait ses bénédictions avec beaucoup d'aplomb et
de sangfroid aux fidèles qui venaient baiser respectueuse-
ment la frange de son burnous. Il fut accueilli avec bienveil-
lance par le grand chérif d'Ouazzan, dont nous parlerons
dans la suite. Mais celui-ci ne tarda pas à deviner son hôte
sous un rôle mal appris et sous un masque aisé à déplacer.
Moins fanatique que ceux qui le vénèrent, parce qu'il a vu
Marseille et fait le voyage d'Alexandrie sur un de nos navires
(peut-être aussi parce qu'il sait à quoi s'en tenir sur les ti-

tres de saint et de thaumaturge qu'on lui attribue), le chérif
invita en bons termes M. Buchser à détaler promptement, s'il
ne voulait s'exposer à une catastrophe. Le hardi voyageur
partit sans attendre que les soupçons s'éveillassent davantage autour de lui. A l'entrée de Fez, la première chose qui
frappa son regard, ce fut, sur l'une des principales portes de la ville, un grand nombre de têtes sanglantes ou en
récente putréfaction, accrochées à des ganches. Il convient
que cette vue lui donna le frisson ; et il se prit à penser que
sa propre tête pourrait bien s'ajouter prochainement à cette
décoration sinistre. (Ces têtes étaient celles de rebelles tués
ou faits prisonniers peu auparavant aux environs de Mequinez.) Il y eut un autre moment solennel et critique, dans son
séjour à Fez, séjour d'assez courte durée : je veux dire
l'instant où il se prosterna au milieu de la mosquée de Moulé-
Edris. Le revolver caché sous le burnous, il était prêt à vendre chèrement sa vie ; mais d'ailleurs , pour dissimuler , il
imitait les poses religieuses du renégat qui opérait devant lui,
et puis, ses yeux levés au ciel y cherchaient, non pas Allah,
mais la forme des arcs, les caractères de l'architecture, le
détail des arabesques. A quelque prochaine exposition de
peinture, nous aurons le résultat de ces audacieuses investigations. M. Buchser s'est servi de son crayon, comme autrefois Réné-Caillé, mais en dessinant d'après nature ; il le fait
avec une telle dextérité qu'il a eu sans doute une fée pour
marraine.

C'est assez pour que l'on juge des barrières que le Maroc
oppose à toute espèce de recherches scientifiques.

La situation des Européens qui résident en ce pays ne leur
permet pas de le voir autrement que les voyageurs. Il n'y a
plus aujourd'hui de chrétiens à l'intérieur du pays, ou du
moins le petit nombre de ceux que l'on dit y avoir été con-
duits par des aventures plus ou moins étranges se trouvent
dans la condition des renégats, sans rapports avec nous. Les
maisons de commerce européennes n'ont pas comme autre-

fois des représentants à Fez, à Mequinez, à Maroc, à moins
que ce ne soient des Maures ou des Juifs indigènes. La population chrétienne est donc concentrée dans quelques ports
de mer ; elle est minime partout, excepté à Tanger, où elle
compte environ quatre cents personnes : ce chiffre même
semblait exagéré à plusieurs des habitants que j'interrogeais
sur ce point. Elle ne s'élève pas à deux cents pour les autres
ports de l'empire, Rbât, Safii, Mogador ou Soneira, Mazagan,
Dar-Beïda ou Casa-Blanca. Il n'y a pas de Français à Tétuan : notre nationalité, en dehors de la maison de M. Nahon, agent consulaire de France, n'y serait représentée que
par deux pauvres Françaises vivant à la manière mauresque
dans la maison d'un musulman algérien, établi maintenant au
Maroc. Un Anglais, une Espagnole, un Américain de l'Amérique
du Sud adonnés au commerce, forment, avec quelques galé-
riens, échappés de Ceuta, la totalité des chrétiens de cette
ville importante et industrieuse. La France a un consul à Mogador, et des agents consulaires à Casa-Blanca, à Safi, à Tétuan, à Rbât. Celui de cette dernière ville est un médecin considéré. Le consulat général fixé à Tanger se compose, outre le
consul général, d'un élève consul, d'un chancelier et de trois
drogmans. Il faut y joindre un médecin militaire, détaché de
l'armée d'Afrique, et qui prodigue ses soins aux habitants de
la ville, sans distinction de religion ni de nationalité. Je ne
parle pas des Juifs, employés subalternes, hommes utiles et
dans bien des cas, indispensables, par la connaissance qu'ils
possèdent du pays et les relations qu'ils entretiennent à l'intérieur.

On voit par cette simple énumération du personnel, du
consulat, qu'il est d'une véritable importance. Chaque heure
y peut soulever de graves questions politiques et commerciales. En dehors du consulat proprement dit, il n'y a pas
une dizaine de Français dans cette ville. La plupart de nos
compatriotes voyageurs descendent à l'hôtel Vincent, où l'on
est convenablement pour cinq francs par jour, table et loge-

ment. Sous le rapport de la cuisine au moins, je partagerais encore l'avis de M. de Custine qui, dans sa 45ᵉ lettre, adressée à Charles Nodier, trouvait, dès 1831, l'auberge de Tanger préférable aux fondas espagnoles.

Je ne ferai point la description de Tanger. Trop de livres l'ont donnée avec des couleurs brillantes, que je ne trouve point sur ma modeste palette. D'ailleurs nous avons dans les villes de l'Algérie le sujet de tableaux analogues et qui deviennent surannés pour beaucoup de lecteurs. Ce qui manque le plus à Tanger pour l'agrément des Européens, c'est un lieu de promenade. La grande rue qui monte du port à la porte du Souk, est assez animée sur le soir. En nous y promenant à la lueur des étoiles et des lampes de cuivre à trois ou quatre becs, qui éclairent les échoppes des Maures, nous la baptisions des noms de Boulevard des Italiens et de rues Richelieu ou Vivienne ; mais les pavés protestaient en nous causant des entorses. Pourtant, à partir de la chute du jour, on ne peut sortir de la ville et les portes restent irrévocablement fermées jusqu'à l'aurore... On n'a plus, comme promenade, que la terrasse des maisons, où, malgré le charme d'un panorama splendide, on se sent emprisonné. Hors de Tanger, la plage sablonneuse est fort incommode pour le pied des hommes et pour celui des chevaux. Aucun chemin ne se prête bien à la promenade en voiture, genre de véhicule récemment importé par un de messieurs les consuls ; et l'on n'arrive pas sans peine, soit à cheval, soit à pied, au plateau qui se développe derrière la Casbah. Là, du moins, on respire. L'horizon se déroule du cap Trafalgar aux colonnes d'Hercule. Derrière les plages où la Méditerranée se marie à l'Océan, on aperçoit les contreforts de la Sierra-Nevada ; au Sud, la vue se porte jusque vers les montagnes bleues et aux cimes tourmentées, voisines de Tétuan. Les Européens sauront un jour bâtir sur ce plateau de ravissantes habitations.

Parmi les maisons consulaires, on remarque celle de l'Espagne qui emprunte à ses lucarnes de pierre, sculptées dans le goût de la renaissance, un aspect monumental. Celle que la France loue au Danemarck, je crois, plaît surtout par la belle couleur dont le temps a revêtu ses murailles. Quelqu'un m'a fait observer avec beaucoup de justesse que leur teinte rappelle celle du *Palazzio Vecchio* de Florence. Il est néanmoins à désirer que l'on revienne, pour la construction d'un consulat de France, aux projets qui furent abandonnés à la révolution de 1848. Le plan proposé occupait, au centre de la ville, un vaste espace où l'on voit aujourd'hui les ruines de notre ancien consulat, et il devait déployer une ligne imposante sur la principale artère de la ville. Ces développements matériels ne sont pas sans influence sur l'esprit étroit des musulmans; et le consul d'Angleterre paraît en user comme d'un moyen politique.

Une douzaine de pavillons européens flottent, les dimanches et les jours de fêtes, au-dessus des terrasses de Tanger. C'est assez dire qu'il y a dans cette ville tous les éléments nécessaires pour composer ce que l'on appelle une *société*. Mais je me souviens que Grabery de Hemso, à la fin de son *Specchio di Marocco*, parle ainsi des rapports de MM. les consuls en son temps : « Les consuls de Tanger sont des gens mariés, honorables, capables généralement. Pourtant ils ne s'entendent pas; il n'y a pas de relations cordiales, soit jalousie politique, soit différence de religion. Et il paraît que, les choses ont toujours été ainsi. Cela est regrettable (page 315)... »

Il n'est personne qui ne se demande pourquoi les consuls généraux et chargés d'affaires sont tous en résidence à Tanger où l'empereur ne réside pas, non plus que l'héritier du trône, et où aucun prince de la famille régnante n'exerce le commandement. Pourquoi encore n'y a-t-il de consul ni dans l'une ni dans l'autre des capitales, Fez et Maroc? Les Anglais ont établi leurs agents à Mourzouk, à Ghadamès, et ils se tiennent humblement sur le littoral marocain. — C'est en

fait donner raison au fanatisme et à l'orgueil des Maures et
de leur chef, dont tout le système de politique étrangère se
résume en deux mots : *Eloigner les Européens.* « Les agents
diplomatiques correspondent en arabe littéral, dit Grabery de
Hemso. Souvent les interprètes juifs ou autres ne s'entendent
pas ; alors le roi envoie un affidé muni de pleins pouvoirs ou
bien il appelle le consul à sa cour. Mais cet honneur coûte
cher. Le consul paye l'escorte que l'empereur lui envoie. Et
s'il vient sans être appelé, il attend à la porte de la ville où
il se présente, la permission d'entrer. » J'ignore si toutes ces
formalités subsistent ; mais il doit y avoir en tous cas un
grave inconvénient à ne pas correspondre directement avec
le souverain, à n'agir que par l'intermédiaire des courriers
et de plusieurs interprètes. Ainsi aujourd'hui même, au rapport de M. Jacques Altaras, qui a fait récemment comme je
l'ai dit, le voyage de Mequinez, dans l'intérêt du commerce,
il y a des raisons de croire qu'Abd-er-Rhaman n'a pas même
eu connaissance de la protestation de notre consul général
contre le décret qui a prohibé la sortie des laines. C'est ainsi
encore que ce gouvernement marocain réussit à traîner en
longueur, puis à faire tomber dans une sorte d'oubli, des
affaires peu importantes peut-être pour des empires, mais
qui sont des questions de vie ou de mort pour les familles
en particulier.

Depuis quatorze ans, par exemple, languit l'affaire de la
succession de l'agent consulaire d'Espagne, Darmon, israélite
marseillais, assassiné non loin de Mazagan par ordre d'Ad-er-
Rhaman (1). De pareils délais ne seraient pas possibles,
croyons-nous, si le sultan n'échappait pas en quelque sorte par
l'éloignement aux réclamations qui lui sont adressées. Le

(1) Les journaux ont parlé de ce fait à l'époque où il s'est
passé, en 1844. On en peut voir le résumé à la fin de l'ouvrage de D. Sèrafin Calderon ; *Manuel del official en Mar-
ruecos,* etc. On prépare en ce moment une traduction de ce
livre, avec des notes et un complément.

mystère qui pèse sur la plupart des actes de son gouvernement et qui cache à vrai dire le Maroc à l'Europe, serait d'ailleurs en partie dissipé, si le corps diplomatique n'était con-
finé à Tanger et réduit à s'expliquer avec le seul khetib, ancien épicier, ministre des affaires étrangères. Nous n'avons
pas la présomption de porter un jugement sur ce qui aurait
pu à cet égard être obtenu dans le passé ; mais on nous pardonnera d'exprimer un vœu qui semble conforme aux intérêts
de notre politique, de notre commerce et aussi des études
scientifiques, en souhaitant que Fez, Mequinez et Maroc s'ou-
vrent bientôt aux agents consulaires et diplomatiques. A
l'ombre des consulats se fixeront des nationaux protégés par
eux: et les concessions marquées dans certains articles des
traités conclus avec le chérif, ne resteront pas une lettre
morte et presque dérisoire.

Il est encore une chose qui paraît regrettable dans la position des agents consulaires. C'est leur résidence obligée dans
le *Melah* ou *Ghetto* des juifs. J'avoue qu'à Tétuan je me sentais profondément humilié, moi, citoyen français, de me voir
forcé d'habiter ce quartier, non pas à cause des juifs, mais à
cause de l'opinion des Maures. A la vérité, je montais à cheval aux yeux de ces derniers et je jouissais d'autres priviléges refusés aux juifs ; mais enfin j'étais blessé de me sentir
une marque d'infériorité quelconque infligée par ces musulmans, et je plaignais sincèrement l'homme qui, représentant de la France par un titre officiel, se trouvait enfermé
comme moi dans cette enceinte réputée dégradante. —
Moins sensible que la France sur les affaires de ce genre, où
il n'est pas question d'argent, l'Angleterre permet à son
agent consulaire d'arborer son pavillon dans le Melah ; mais
on n'y voit jamais flotter le pavillon français ; la hampe reste
constamment nue ; et l'on ne saurait croire combien cette
abstention est satisfaisante pour le sentiment de notre dignité
chrétienne et nationale.

J'aimerais à en dire autant au sujet d'un autre usage qui

nous abaisse beaucoup plus à mon sens ; car il nous abaisse dans la réalité et non pas seulement dans l'appréciation erronée qu'en peuvent faire les Musulmans. Pourquoi tirer le canon chrétien, arborer les pavillons chrétiens, aux fêtes mahométanes, à la fête du *Miloud*, ou de la naissance de Mahomet, par exemple ? Je fus témoin à Tanger de cet acte inconcevable. Est-ce que les Musulmans tirent le canon lorsque nous célébrons la fête de Noël ? Non pas, grand Dieu ! que je crusse nécessaire en ce cas même de leur rendre politesse pour politesse ; mais je veux dire que nous allons contre tout bon sens. Car notre Seigneur est un grand prophète aux yeux des sectateurs du Coran, et nous ne reconnaissons pas cette qualité à Mahomet. Voulons-nous donc honorer la naissance de Mahomet ! Ignorons-nous que la date de sa naissance doit être pour tout homme une date à jamais lugubre et maudite ? Oui, maudite ! car il n'y a pas dans l'histoire un homme qui ait fait autant de mal à l'humanité, entravé autant le christianisme, fait tuer autant de chrétiens, retardé autant la marche de ce qu'on appelle aujourd'hui le progrès. De grâce, faisons un meilleur emploi de notre poudre.

Que gagnons-nous à de pareilles concessions ? Que pensent aujourd'hui les Anglais de ces décharges d'artillerie qui, du haut du fort William, à Calcutta, ont tant de fois honoré les immondes processions de Sira ? Si nous sommes tolérants pour les autres, soyons du moins chrétiens chez nous (1).

Je ne puis parler de la situation des Européens au Maroc et passer sous silence ce qui regarde la réligion. Il y a des choses tristes à dire. Mais je ne vois nulle raison de les taire, et peut-être que les exposer, c'est porter ceux qui ont en main la puissance à y mettre un terme.

_____

(1) La France est hors de cause, au moins dans la circonstance particulière qui me suggère ces réflexions ; car notre pavillon ne flotte plus à Tanger depuis le 15 août 1858 ; les autorités marocaines ayant jugé à propos, ce jour-là, de ne pas saluer la fête de Napoléon III. J'ignore d'ailleurs où en est ce différent.

L'ancienne Tingitane, selon l'opinion de Morcelli, compta une douzaine d'évêchés aux temps de la domination romaine et byzantine. Cette dernière était fort affaiblie avant l'invasion arabe ; et même les Visigoths d'Espagne lui enlevèrent cette partie de l'Afrique dans des circonstances que l'histoire ne nous fait pas connaître, mais qui n'emportèrent pas la ruine du christianisme. Ce malheur fut l'œuvre des Arabes et des Berbères musulmans. Toutefois, la *Tingitane* et le Sud de l'Espagne ayant ensuite appartenu aux mêmes dynasties, des chrétiens passèrent de la péninsule ibérique au-delà du détroit, et y formèrent des communautés catholiques tolérées ou même protégées par les émirs. Vers 1230, le Saint-Siége put se mettre en relations régulières avec elle ; un évêché fut établi à Fez et à Maroc, et l'on voit les évêques s'y succéder sous les derniers Almohades et les Mérinides, jusqu'à l'avénement de la dynastie actuelle des chérifs au XVIe siècle (1). Les chérifs soulevèrent le fanatisme des Musulmans contre les Mérinides, en reprochant à ceux-ci d'avoir favorisé les chrétiens, et ils s'engagèrent logiquement dans les voies de la persécution, aussitôt que leurs armes triomphèrent. Leurs descendants n'ont pas démenti ce caractère de violence brutale, marqué sur le berceau de leur famille, et les derniers empereurs du Maroc, Moulê Hescham, Moulê Soliman II et Moulê Abder-Rhaman, peuvent se flatter d'avoir suivi les *inspirations de* leurs ancêtres en réduisant le christianisme, dans leurs Etats, aux proportions et aux conditions humiliantes où il se trouve aujourd'hui. En 1544, les missionnaires furent chassés de l'intérieur de l'empire ; à cette époque l'évêque de Maroc, don Sébastien de Obregon, s'était déjà retiré à Séville. Cependant il ne s'écoule pas de temps considérable sans qu'on ne découvre quelque prêtre réussissant à se glisser auprès des esclaves chrétiens, dans les principaux centres de popu-

(1) On peut consulter l'histoire de cette église, en cours de publication dans la *Revue africaine.*

lation ; et, vers 1630, Jean de Prado, patron actuel de Tanger, fut assez heureux pour y organiser une mission au nom de la province franciscaine de San-Diego d'Andalousie. Il scella cette fondation de son sang. Car rien n'est plus douloureux, du commencement à la fin, que l'histoire de cette mission à chaque instant bouleversée, mais reparaissant toujours sur la cendre de ses martyrs. Elle étendait son action jusques dans les parties reculées du Sous, et se consacrait tant aux esclaves qu'aux négociants libres tolérés au sein des villes de l'intérieur. Elle obtint jusqu'à cinq chapelles à Maroc ; au commencement du dix-huitième siècle, il y avait à Mequinez deux églises espagnoles, une française, une portugaise et deux autres pour les captifs qui ne pouvaient se rendre aux premières. L'Europe, on le voit, n'a fait que perdre du terrain au Maroc depuis ce temps là. Il est vrai que les chérifs invoquèrent la diminution, puis la suppression de l'esclavage des chrétiens, pour chasser les commerçants et les missionnaires à la fois. Vers la fin du dix-huitième siècle, les Franciscains furent internés à Larache et à Tanger. En 1822, ils furent forcés de quitter Larache ; ils rentrèrent en Espagne et ne purent obtenir du sultan de s'établir autre part qu'à Tanger.

Ainsi aujourd'hui, l'Eglise catholique est représentée au Maroc par un seul religieux de cette province de San-Diego d'Andalousie ; et encore ce religieux, subissant les conséquences des folies révolutionnaires dont l'Espagne n'a pas su se préserver, croit-il ne pas pouvoir revêtir l'habit de son ordre. Les chrétiens épars sur les côtes du Maroc ne voient jamais un prêtre ! C'est, nous en avons eu des preuves, une grande douleur pour ceux dont la foi est vivante ; et s'il en est d'autres qui ne diffèrent guère des Musulmans au milieu desquels ils se trouvent, cela s'explique aisément par la privation de tout secours spirituel. A qui la faute ? A l'Espagne, au gouvernement espagnol d'abord et ensuite à la province monastique de San-Diego, dont le centre est à Séville. Car

Tanger a le titre de vice-préfecture apostolique du Maroc ; mais le préfet, dont le titre est illusoire, réside au principal couvent des Franciscains diéguistes d'Andalousie. Le gouvernement espagnol revendique la protection du catholicisme au Maroc. Eh bien! que fait-il de cet honorable privilége? Au fond du consulat d'Espagne, il y a une petite chambre où une trentaine de personnes sont à l'étroit, surtout avec les modes contemporaines, qui ont depuis longtemps franchi les Pyrénées, toutes les Sierras et les colonnes d'Hercule. L'agitation incessante des éventails y incommode le prêtre, et n'y rend pas l'air respirable. Sur l'autel, sur la table du divin sacrifice, une toile cirée qu'on ne souffrirait pas sur une table vulgaire. Autour du retable, qui représente Jean de Prado sur le bûcher du martyre, de petits miroirs forment une inconcevable décoration. Aux jours de fête, des poupées de Nuremberg richement vêtues figurent la Très sainte Vierge et saint François d'Assises. Voilà l'unique église qui soit au Maroc et la dignité dont on sait la revêtir. Ajoutons à cela qu'il n'est pas permis de laisser paraître extérieurement un signe quelconque du culte chrétien. Il n'y a pas de croix qui distingue la chapelle de la partie profane du consulat. Il n'y a pas de cloche pour annoncer les heures des offices et de la prière. Conçoit-on cet abaissement devant le Maroc agonisant, surtout quand on pense à la liberté dont jouit le christianisme dans les capitales même des autres Etats musulmans. Quelque chose m'a peut-être plus violemment choqué, plus amèrement affligé : nous conduisions au cimetière le corps d'un jeune enfant enlevé à la famille du premier drogman du consulat de France ; un soldat maure était à la tête du convoi une canne à la main, pour protéger le cercueil ; derrière le soldat marchait le P. Palma, une canne aussi à la main et par conséquent sans vêtement liturgique ; puis venait le cercueil couvert du drapeau tricolore. Mais de signe de religion, aucun. Abd-er-Rhaman ne peut aller jusqu'à permettre cela à l'Europe ! Je ne sais si l'habitude de vivre sous ce régime le rend tolérable. Pour moi, il me faisait monter la rougeur au front et je sentais mes membres trembler d'indignation. Pour surcroît, j'ai appris ensuite que si un chrétien vient à mourir en dehors des murs de la ville, son cadavre ne peut pas y rentrer ; il faut le porter droit au cimetière, comme si on enterrait les restes d'un animal. Le lecteur pourrait penser qu'il s'agit de faits bien antérieurs à la conquête d'Alger. Non, je parle de l'an de grâce 1858.

Voilà comment l'Espagne protége le catholicisme au Maroc.

Il est vrai que les ministres n'ont que le temps de jouer aux portefeuilles dans cet heureux pays. Ne désespérons pas cependant. Le Maroc n'est pas si éloigné que la Cochinchine ; et l'Espagne a la voix du sang des Melchior et des Diaz. Au Maroc aussi, la France pourrait agir de concert avec elle ; d'autant plus que notre consulat contribue annuellement, pour une somme de cinq cents francs, aux dépenses qu'elle ne fait pas en faveur de la religion. Il paraît d'ailleurs que la propagande s'éclaire sur cette lamentable situation, et que, si la province de San-Diégo n'a plus la force de cultiver l'héritage de ses pères, d'autres plus vigoureux recevront du Saint-Siége le patrimoine abandonné.

Nous unissons nos vœux à ceux des catholiques et surtout des catholiques français de Tanger, en souhaitant qu'une église digne de ce nom s'élève au milieu de la ville, que les cloches bénies y retentissent, et que la croix domine triomphalement le monument sacré. Il faut qu'une école, non pas exclusivement espagnole et plus ou moins mal réglée, mais polyglotte et complètement organisée comme celle que la France établit dans les Régences et tout le Levant, recueille les enfants chrétiens, juifs et musulmans même, s'il s'en présente, et il s'en présentera (1). Il faut encore que des mission-

---

(1) Ceci n'est pas une vaine conjecture. Un Français, M. Favier, donne à cette heure des leçons à trois ou quatre enfants maures à l'école de la Casbah de Tanger. Il faut que l'école chrétienne produise une bien grande impression par

naires visitent de temps en temps les ports de l'Océan et aussi Tétuan, pour que les enfants des chrétiens n'y restent pas sans baptême, les chrétiens sans sacrements et sans instruction, pour que de pieuses dames ne soient pas obligées, ainsi qu'il arrive, de s'exposer de loin en loin aux fatigues et aux hazards de la mer, afin de venir se confesser à Cadix ou à Gibraltar. Peut-être alors la côte marocaine semblera moins inhospitalière, l'exil moins redoutable, et la famille honnêtement constituée prendra la place du concubinage dégoûtant qui déshonore trop souvent l'Europe en ces contrées.

Les chrétiens possèdent un cimetière à Tanger. Il s'étend à côté du magnifique jardin de Suède, dont les noirs cyprès projettent leur ombre sur les tombeaux. Parmi les inscriptions funéraires, j'ai remarqué la suivante : *Ci-gît le Dr Rolinger, médecin major, né le 8 mai 1807 à Cattemont (Moselle), mort à Tanger, le 15 juillet 1856, priez pour lui.* Et je me rappelais en quels termes des indigènes m'avaient parlé de son dévouement pour eux, dévouement traditionnel dans le corps médical de notre armée et dont le Dr Castex continue à leur donner des preuves. Là aussi, reposent d'anciens missionnaires du Maroc, entr'autres le P. José Pabon, mort en 1851, après 48 ans de ministère apostolique, et le F. José Rosété qui trépassa en 1853 à l'âge de 89 ans, dont 54 s'étaient écoulés au service de la mission. Quelques sépultures protestantes sont rangées, sans un signe de foi ni d'espérance, auprès des tombes catholiques ; il est pénible de voir jusque dans la mort ces divisions qui, en déchirant, depuis trois siècles, l'église du Christ, sans raison plausible, retardent d'un bout du monde à l'autre, son triomphe sur l'erreur et la barbarie.

---

la supériorité qui la distingue pour vaincre ainsi, même au Maroc, les préjugés musulmans. J'ajouterai que l'œuvre des écoles d'Orient établie en France, est prête à venir en aide, dès cette année, à une école convenable qui s'ouvrirait à Tanger. Le directeur de l'œuvre en a donné l'assurance.

A la suite des notes que je viens de reproduire et qui regardent les Européens au Maroc, il me paraît naturel de fournir quelques renseignements sur l'état présent des possessions espagnoles, c'est-à-dire sur les quatre *presidios*, Ceuta, le Pegnon de Velez de la Gomera, Alhucemas et Melilla. Il faut y joindre les îlots Caracal et Alboran dans le golfe de Melilla, et les trois Zafarines, situées un peu à l'Ouest de l'embouchure de la Moulouïa (1).

On pourrait entrer dans de longs détails sur ces possessions, mais je me borne à ce qui me paraît offrir le plus d'actualité.

Ceuta prise en 1415, par les Portugais, est une ville morte qui renferme un peu plus de 6,000 habitants. Je m'en approchai par terre, en septembre dernier; mais on m'arrêta au corps de garde posté à cent mètres en avant des remparts. On craignait que je n'apportasse la peste redoutée alors en Espagne, et que l'on supposait exister au Maroc, ou du moins sur le point d'y entrer avec les Hadjis au retour de la Mecke. La *Junta de Salud* délibéra sur ce sujet, et l'on eût le courage de me renvoyer dans les montagnes, sans même me permettre de purger une quarantaine aux abords de la ville, Parmi les considérants de l'arrêté qui me fermait la porte, il y en eut un curieux : On ne pouvait m'accorder l'entrée, attendu que la peste qui exerça des ravages à Ceuta, il y a environ un siècle, y fut apportée par un religieux venant de l'intérieur, et que la population, dont la mémoire a gardé ce souvenir, concevrait de vives craintes par le rapprochement des circonstances (!).

Sur ce, je saluai MM. les officiers qui m'avaient fait d'ail-

_____

(1) Il n'y a pas lieu de se préoccuper des prétentions que l'on conserverait en Espagne à la revendication d'Oran, suivant les conditions faites l'an 1791 à la Sublime-Porte, lors de la session de cette ville par les Espagnols. Ces prétentions, rappelées dans la *Espana* du 16 juin 1858, se trouvent exprimées dans un mémoire soumis peu auparavant à la *Société économique* de Madrid.

leurs un accueil plein de courtoisie, au corps de garde, et je remontai à cheval, sans proférer une plainte mais sans comprendre une pareille pusillanimité.

On s'ennuie à Ceuta ; je lisais cela sur les figures des militaires et des dames qui vinrent se promener, à quelques pas de la ville, au bord de la mer. Il n'y a presque pas de commerce et peu de voyageurs. Si en 1820, on eut déclaré Ceuta port franc comme Cadix, la voisine de Gibraltar partagerait l'activité commerciale absorbée aujourd'hui par les Anglais. Le gouvernement marocain, depuis trente ans, aurait vu d'un bon œil cette sage mesure. Ceuta coûte énormément à l'Espagne : en 1854, elle a entraîné une dépense de 6,653,670 réaux de vn., et la douane en a rapporté 9,727. La balance commerciale présente pour la même année 44,236 rx. importation, et 119,386 exportation. C'est le cas d'appliquer la formule des anciens géographes : cette ville est bien déchue de son antique splendeur. Elle a été l'entrepôt d'un immense commerce avec le Levant, l'Afrique, l'Italie ; un centre pour les sciences et les arts ; les Arabes y avaient introduit la fabrication du papier empruntée aux Tartares et la culture du coton ; elle était fameuse par ses ouvrages de soie, de fil de fer et de laiton et ses pêcheries de corail. Elle conservait encore de l'éclat sous les Portugais ; elle alla s'éclipsant, à partir du moment où elle resta sous la domination espagnole, en 1640. Sa position à l'entrée du détroit lui donna une grande importance ; mais en face d'elle se dresse du côté du Maroc une barrière de hautes montagnes dont les défilés ne sont pas faciles à franchir.

A Ceuta, qui a une lieue de tour et que dominent la montagne et le fort *del Acho*, se rattache l'îlot du *Perejib* ou *del Coral*. Il n'est pas fortifié, et n'est habité que par des chèvres. Cependant les courants qui l'avoisinent sont très favorables à la navigation et les feux de ses batteries fermeraient le détroit.

Mouley Ismael assiégea Ceuta de 1694 à 1721 ; et l'on voit

entre cette ville et les deux bornes qui marquent à un kilo-
mètre la limite de l'Empire marocain, des ruines d'un sombre aspect, muets témoins des luttes terribles qui se sont
livrées depuis deux mille ans sur cette langue de terre. Aujourd'hui Ceuta est tranquille, et les Rifains tout en la re-
gardant d'un œil oblique lui apportent de quoi vivre. Le marché se tient sur le plateau casematé où l'on enferme les
bœufs pour l'approvisionnement de la place. A vingt lieues à
l'Est de Ceuta s'élève le Pegnon de Velez de la Gomèra, dont
la population dépasse 1,000 habitants. Ce rocher quatre fois
plus long que large, est en face du Campo del Moro, mais un
détroit de 400 mètres l'en sépare. La petite ville de Velez
prise en 1508 par le comte Pedro Navarro, perdue en 1522
et reprise en 1564, par don Garcia de Toledo, serait l'ancienne *Parietina*. Le Pegnon des Albucemas, à l'Est de Velez, renferme 500 âmes et il appartenait à l'Espagne depuis
1673. S'il doit aux tours de son château une physionomie pittoresque, il est attristé comme les autres presidios, par les
prisonniers qui forment une partie de sa population. Mellila,
bâtie sur une presqu'île, qu'on rencontre en allant toujours
à l'Est et à 35 lieues de Ceuta, paraît être la *Rusadir* des
Romains, et l'on veut que son nom actuel vienne du miel
qu'elle produit en abondance. Conquise par les Espagnols en
1496, cette ville dont la population est de 2,500 habitants,
présente, sur une longueur de 800 varas, des fortifications
considérables. Elle est sans cesse en guerre avec les cinq
Kabylas ou tribus rifaines des Manuza, Beni-Sicar, Beni-Boul-
lafon, Beni Buifouron et Beni Zidell. Dans la baie de Mellila,
se trouvent les îles Caracol et Alboran, peut-être l'antique
Drinaupa, qu'on a proposé en Espagne de fortifier, comme
on le fait maintenant pour les Zafarines, *ad trex insulas* des
Romains. Nous regrettons que la France ait négligé d'occuper à temps ces dernières, à cause du voisinage du Maroc
et parce qu'elles sont en quelque sorte le complément du
port de Djemma-Ghazouat, d'où les navires viennent s'y

réfugier par la grosse mer. Dès 1833, MM. Bérard et Dortet de Tessan, dans l'exploration hydrographique de l'Algérie, avaient pourtant fait connaître l'importance de ce mouillage.

En automne, nous passâmes assez près des Zafarines pour apercevoir du bord du *Tartare* les blanches lignes des fortifications qui s'élèvent. Melilla et les Chafarinas ont rapporté à l'Espagne, en 1854, pour le sel et le tabac, 94,154 réaux de vellon ; mais elles en dépensent annuellement à l'Etat un million et demi. Somme toute, les presidios coûtent ensemble à l'Espagne 14 ou 15,000,000 de réaux.

Ce n'est donc pas sans raison que l'Espagne réclame de son gouvernement des mesures propres à modifier cette situation. Sauf Ceuta, l'une des clefs du détroit, à quoi servent les presidios, s'ils ne sont pas des pierres d'attente ? Mais ils avaient cette signification dès le temps de Ferdinand V, c'est attendre bien longtemps. Ils ne peuvent être considérés comme des boulevards de l'Espagne, puisque le Maroc est désormais impuissant à passer le détroit et à menacer la chrétienté. D'autre part, la baie de Melilla offre peu de criques et par conséquent peu de refuges aux barques des pirates. C'est de l'autre côté du cap *Tres Forcas* que les Guelaïa trouvent des abris dans les anses de Tramontan, de Ras-ben-Rifoux et de Kiert. Or, il n'est pas besoin de tant de forteresses ruineuses pour balayer cette partie de la Méditerranée et écraser les pirates dans leurs nids. Il y a lieu de croire que tout le monde ne comprend pas suffisamment en Espagne ce que sont les côtes du Rif par rapport aux presidios. Le journal ministériel, la *Corespondancia*, dans un de ses derniers numéros, disait que l'escadre commandée par M. Herrera, avait accompli sa mission, attendu qu'il n'y avait plus à la côte d'Afrique un seul navire armé (*Resultando de las communicationes officiales que en toda la costa de Africa no existe ni un carabo armado*), et que les Maures revenaient paisiblement aux marchés des presidios. Comme si les carabos des Rifains étaient des navires à trois ponts, garnis d'ar-

tillerie ! Leurs bateaux plats, qui viennent quelquefois au
port d'Oran, sont à fleur d'eau et se cachent dans les ca-
vernes et les anfractuosités des rochers ; où même les pirates les tirent à terre, comme le faisaient autrefois les Algériens pour la saison d'hiver, surtout avant la construction de
la jetée de Kheïr-ed-Din. Si donc le senor Herrera n'en a
pas beaucoup détruit, il peut croire qu'il en reste encore, et
il ne tardera pas à entendre le vieux cri des sentinelles espagnoles : *Hay Moros en la costa !*

Quant à l'attitude paisible des Rifains, il ne faut pas y
compter. Un caprice, un peu de poudre anglaise dans la dje-
bira d'écorce où les munitions se sont épuisées et la fusillade
recommencera, et les hommes libres des presidios n'y seront
pas moins enfermés que les desterrados confiés à leur garde.

Telle est la situation des Espagnols dans les presidios,
telle est celle des Européens au Maroc. Portons maintenant
nos regards sur l'intérieur du pays et ses habitants indigènes.

La statistique manque de base certaine pour établir, ne se-
rait-ce que d'une manière approximative, le chiffre de la
population du Maroc. Des écrivains anglais, comme pour
rendre plus glorieuse à l'Angleterre sa prépondérance dans
l'empire d'Abd-er-Rhaman, accordent au chérif seize millions
de sujets (1). En réduisant ce nombre de moitié on se rapproche
de l'opinion commune et de la vraisemblance. Il serait sans
doute honorable au sultan de Fez de régner sur des contrées
pleines de vie et non sur des régions désertes! Mais la Providence ne le permet pas ; elle maintient cette grande loi
formulée par Salomon : « *In multitudine populi dignitas re-
gis et in pancitate plebis ignominia principis* : La multitude
du peuple est l'honneur du roi et le petit nombre de la population est la honte du prince. » Les races principales du
Maroc n'étant pas douées naturellement d'une fécondité particulière ont subi les conséquences de la politique barbare de

---

(1) Jackson dit 14,886,600. *Account of Morocco.* Londres,
in-4°.

leurs souverains et de la vicieuse organisation sociale fondée
sur le Coran. Au Maroc comme dans le reste de l'Afrique septentrionale, les campagnes présentent de vastes espaces où
les tentes et les villages sont très clair-semés. De sorte qu'en
prenant une moyenne comparative sur les parties les mieux
connues du littoral, on ne saurait guère évaluer la population totale de l'empire à plus de six ou sept millions d'habitants. Elle est éparse sur un territoire d'environ six mille
myriamètres carrés, où l'on rencontre tous les climats, depuis
le climat brûlant des oasis qui mûrit la datte brune du Tafilet, jusqu'à celui des hauts sommets du Grand-Atlas, qui
atteignent comme le Miltzin 3,475 mètres d'élévation, région
des lichens et des glaces éternelles.

Quelle admirable situation géographique ! Quinze cents
kilomètres de côtes, dont les deux tiers sur l'Océan et sur
l'un des passages les plus fréquentés et les plus importants
du globe. Proximité de l'Europe, réunie par un canal de trois
ou quatre lieues de large au continent africain. Système de
montagnes dont les ramifications plongent vers Tombouctou,
comme pour indiquer la route du pays des Noirs. Dieu qui a
conformé le globe, et qui en a distribué les parties aux nations a dû proportionner leurs destinées aux moyens qu'il
mettait entre leurs mains : le peuple qui n'use pas de ces
moyens manque à sa vocation et mérite que son héritage
passe à un autre. C'est ce qui arrive après un certain temps,
en vertu de la loi exprimée par Vico : L'empire du monde
appartient au meilleur. Le Maroc devait être et doit devenir
le trait-d'union le plus naturel entre l'Europe et l'Afrique,
entre la race de Cham et celle de Japhet ; le sang noir qui
s'y trouve en abondance en est une preuve. Mais au contraire
le gouvernement du Maroc, ne comprenant rien à tout cela,
s'efforce de séparer ce que Dieu a uni, et il refuse autant
qu'il le peut les relations d'homme à homme, l'échange des
idées et des produits. Il va contre sa propre géographie et
conséquemment contre le plan providentiel. S'il rentre dans

ce plan, c'est à la manière des autres Etats musulmans, pour montrer que depuis le Christ la civilisation ne peut se constituer fortement ni subsister sans le baptême (1).

Les Nègres, au nombre peut-être de 600,000, jouissent au Maroc d'une situation beaucoup plus douce que dans les autres pays où ils se mêlent aux Blancs. Ils arrivent à tous les emplois et sont bien vus partout. Le second gouverneur de Fez est noir ; la garde impériale est noire, le harem impérial est peuplé de centaines de négresses et il en est de même du harem de Sidi Mohammed, l'héritier présomptif du trône ; l'empereur et presque tous ses fils sont des mulâtres, et cela ne contribue pas peu à effacer toute idée d'infériorité de la race nègre dans l'esprit des blancs. Cependant, il est rare qu'une blanche, même musulmane, se marie avec un noir. Elle en éprouve généralement une instinctive horreur. Tanger n'offre aujourd'hui qu'un seul mariage de ce genre, malgré l'égalité sociale qui relève d'ailleurs le sang nègre. Les hommes au contraire semblent au Maroc préférer les Négresses. Peut-être cette imixtion extraordinaire d'une race plus dégradée concourt-elle à donner aux Marocains et à leurs gouvernants les traits prononcés de barbarie qui les distinguent entre les peuples mahométans. Je ne vois rien de particulier à signaler dans les nègres du Maroc. Ils ressemblent à ceux d'Algérie, au physique et au moral. Les hommes sont souvent musiciens. Ils ont ce sourire de béatitude stupide, qui dut reluire sur la face de Cham lorsqu'il invita Sem et Japhet à venir se moquer de leur père. Il est superflu d'ajouter que la malédiction de Noé, *Servus servorum erit fratribus suis*, pèse encore sur les descendants de

_____

(1) Jetez les yeux sur une mappemonde : le fait est palpable. Pourtant on nous dit depuis peu des merveilles du Japon. Il faut attendre, on ne le connaît pas. L'école philosophique du XVIIIe siècle, dans son patriotisme et sa haute raison, opposait sans cesse aux peuples chrétiens, l'Inde, la Chine, voire même le Monomotapa. Mirage, hallucination et niaiserie.

Cham, au Maroc même. Une partie des Nègres y est esclave, et le commerce des esclaves est une source qui les a répandus et continue à les répandre dans l'empire des chérifs. Nous le dirons plus tard.

Les Maures forment une autre fraction de la population marocaine. Ils se distinguent très bien entre eux en Maures d'Espagne et Maures du Levant. Ceux-ci, d'origine arabe plus pure sont fixés dans les villes ou mènent la vie de Bédoins dans les campagnes. Les Maures d'Espagne, dont la nationalité s'est mélangée de Berbères, à l'époque des invasions arabes qui inondèrent la péninsule ibérique, habitent particulièrement les villes, où ils se livrent à l'industrie et au commerce. Tétuan, Fez, Rbàt, etc., les ont reçus aux diverses époques où ils furent exilés d'Espagne, depuis le règne de Ferdinand et d'Isabelle jusqu'à celui de Philippe III (1481-1613). Ceux de Tétuan et de Salé furent autrefois de hardis pirates ; mais s'ils ont conservé à Rbàt et Salé les passions les plus hostiles aux chrétiens, ils m'ont paru à Tétuan plus calmes et moins fanatiques. La plupart des auteurs qui ont écrit sur le Maroc ont fait observer qu'un certain nombre de familles marocaines, juives ou mauresques, se rattachent encore à des branches chrétiennes bien connues en Espagne, surtout à Grenade et à Cordoue. Les de Castillo de Grenade ont des parents à Tétuan, et ceux-ci gardent les titres de leurs anciennes propriétés à Grenade. Les Vargas de Grenade se relient à des familles musulmanes de Tanger et de Tétuan. Je citerai encore parmi les notables de cette dernière ville les Medina, les Sordo, les Aragon, les Salas dont les ancêtres jouèrent un rôle au temps des luttes héroïques qui se terminèrent en 1492 par la réduction d'Abou-Abd-Allah-Mohammed. Ce n'est pas que la parenté avec les Espagnols se révèle toujours par l'identité ou la similitude des noms. L'inquisition les a souvent changés au baptême : tels sont plusieurs des noms terminés en *ez*, en *o* et en *zo*. Elle appelait les nouveaux baptisés *Aguado* (ondoyé), *Romero* (parfumé) ou de noms analogues.

La race dominante au Maroc est la race indigène des Berbères. On les divise en Amazirgs et en Chelloks (1). Quand il s'agit de dessiner leurs traits distinctifs, de limiter leur territoire respectif et de marquer leur nombre, je m'aperçois que les écrivains n'apportent pas de lumière satisfaisante, ou qu'ils se copient les uns les autres. Je constate seulement que les gens du Maroc désignent les montagnards sous le nom générique de Berbères ou sous le nom particulier de la région qu'ils habitent, et qu'ils paraissent plutôt réserver celui d'Amazirgs aux habitants du Sous. Ils prétendent que les indigènes du Sous ne s'entendent pas avec les Berbères ; que la langue des premiers ne s'écrit pas, si ce n'est en caractères arabes, tandis que les Berbères ont des caractères propres, au Maroc comme en Algérie. Il paraîtrait aussi que les habitants des Canaries qui ont conservé la langue des Guanches, leurs ancêtres, entendent la langue du Sous. On peut accepter ces renseignements sous bénéfice d'inventaire. Ils viennent d'observateurs intelligents et qui connaissent assez bien leur Maroc : tels que MM. Darimon, de Tanger, et Trepass, de Mogador.

Les musulmans du Maroc sont généralement fanatiques. Mais le mahométisme est loin d'être suivi dans toutes ses prescriptions par les Berbères, et ils y mêlent, ainsi que les Nègres, une foule de pratiques superstitieuses. Les docteurs, comme ceux d'Algérie, jurent par Sidi-Khelil, l'oracle du rit Maléki établi dans tout le Magreb. Le fanatisme des Musulmans, d'une part, et, de l'autre, le peu d'action exercée par le catholicisme, font assez comprendre qu'il n'y ait pas le moindre rapprochement entre les deux religions : aussi je m'étonne en lisant un article de *La Epoca* du mois de

---

(1) Nous estropions ce nom de bien des manières. On écrit Schilleugs, Schelougs, Scelloks, Shelluhs ; M. Carette dit *Chellouh* ; M. Renou *Chelleuh'* ; M. Ch. Didier *Schelloks* ; Calderon *Xiloes* ; Marmol *Chilohcs* ; Gräberg de Hemso et les Italiens *Schelocchi*.

décembre dernier, d'y voir l'histoire de trois Mauresques condamnées à mort à Tanger pour avoir voulu quitter le Maroc afin d'embrasser le christianisme. Elles réussirent à se réfugier dans la maison de la Mission, au consulat d'Espagne, et le consul, M. Blanco della Valle, les couvrit de sa protection et leur sauva la vie. Tel est du moins le récit du journal ministériel, qui part de là pour louer le général O' Donnell et M. Blanco de la hauteur à laquelle ils savent élever au Maroc la bannière de Castille, si humiliée avant eux : *sostiene con dignitad el decoro del pendon de Castilla humillado ánte de ahora en la costa de Berberia.* Soit.

Il n'est pas rare de remarquer le signe de la croix parmi les figures dont les femmes berbères sont tatouées à la figure et au col. C'est ce qui m'avait déjà frappé en Kabylie et dans les oasis du Sahara algérien. M. Drummond-Hay, consul actuel d'Angleterre à Tanger, assure que d'autres coutumes lui ont paru conserver au Maroc les anciens vestiges de la religion catholique (1) et il cite par exemple les invocations des femmes durant les accouchements laborieux : « Oh ! Mariah ! Mariah ! viens, accours sans tarder, viens ! c'est une femme qui pleure ! ».

On me dispensera de reproduire ici les tableaux de la population marocaine destinés à préciser le chiffre qui revient à chaque race. L'arbitraire y joue un trop grand rôle. J'oserai cependant remarquer que M. Renou, dans son ouvrage sur le Maroc publié par la Commission scientifique chargée de l'exploration de l'Algérie, paraît abaisser excessivement la population des villes principales. A défaut d'un état-civil, on a un terme de comparaison qui puet jusqu'à un certain point servir de base à une appréciation ; je veux dire les registres des synagogues où sont inscrits, dans chaque ville, les Juifs du mellah, registres qui servent à fixer le droit de capitation que tout membre de cette race paie au Sultan. Ainsi,

---

(1) Western Barbary, its wild tribes and savage animals. Londres, 1844.

pour déterminer approximativement la population d'une ville, n'est-il pas à propos de comparer l'étendue relative du quartier juif avec celle des autres quartiers, et d'établir ensuite une proportion entre les deux populations, juive et musulmane, en se basant sur le développement du terrain qu'elles occupent? Il est vrai que les juifs, dans leurs mellahs et leurs ghettos, sont généralement réunis en fourmilières, et que les Maures se donnent un peu plus d'espace et plus d'air. Mais, en tenant compte de cette différence, il faudrait encore admettre un chiffre plus élevé que celui de M. Renou, pour la population des villes. Les rabbins, d'ailleurs, marquent un nombre inférieur à celui de la population réelle du mellah, afin de payer une capitation moins forte. Le gouvernement marocain qui n'en peut douter, mais qui ne veut pas se donner la peine de faire un recensement, élève arbitrairement le chiffre porté aux registres de la synagogue. Au rapport de plusieurs juifs, leurs coreligionnaires inscrits seraient au nombre d'environ 2,700 à Tanger, 12,000 à Tétuan, 7,000 à Rbât, 600 à Casa Blanca, 2,500 à Azemmour, 3,000 à Safi, 7 ou 8,000 à Mogador, 10,000 à Mequinez, 35 ou 40,000 à Maroc, 50 ou 60,000 à Fez. Mais alors que faire des chiffres donnés par nos géographes contemporains? M. Lavallée, dans sa nouvelle édition de Géographie universelle de Malte-Brun, accorde à Fez une population totale de 30 à 40,000 habitants, à Mequinez 15,000, à Maro 3,000! L'opinion commune des Marocains est que Fez renferme environ 300,000 habitants, Maroc à peu près autant, Mequinez 80,000 en y comprenant sa garnison. Déroutés par de si énormes divergences d'opinions, nous agirons prudemment en suspendant notre adhésion, ou peut-être en adoptant comme plus probable la moyenne entre les divers calculs.

Les Juifs marocains, dont il ne faut pas hésiter à porter le nombre à 450,000, ne sont pas tous des exilés d'Espagne ou des immigrants attirés par l'intérêt du commerce. Il y a dans les montagnes du Sous des tribus indigènes entière-

ment juives et qui habitent des villages construits à l'instar
de ceux des Berbères. L'infortuné Davidson visita l'une d'entre elles en 1836, durant son voyage de l'Oued-Noun, qui lui
coûta la vie (1).

Les Arabes qui envahirent au VIIe siècle l'Afrique septentrionale rencontrèrent des tribus semblables au sud de la
Tripolitaine. Descendent-elles des peuplades venues de l'O-
rient à l'époque des premières colonies Phéniciennes, comme
le rapportent des traditions obscures recueillies par des historiens musulmans? ou bien furent-elles converties origi-
nairement par les Juifs de la Dispersion qui ont exercé leur
prosélytisme sur une si grande partie du monde connu des
anciens? La première hypothèse serait bien probable, s'il
était vrai, comme plusieurs juifs espagnols me l'ont assuré,
que la langue des Juifs du Sous fût un chaldéen corrompu,
mais non pas au point d'être inintelligible pour les rabbins
qui savent le syro-chaldaïque ou la langue du Thalmud.
Quant à l'orthodoxie de ces tribus, les uns prétendent que la
synagogue ne la reconnaît pas et les autres affirment le contraire.

La majeure partie des Juifs du Maroc descend des Juifs
exilés de l'Europe au moyen-âge et surtout de l'Espagne
sous le règne de Philippe III et de ses prédécesseurs. Ils se
désignent par le titre singulier de descendants de la catastrophe de Castille, *Guerous de Castilla*, et les rabbins pour
les mariages et autres affaires emploient encore des formules
qui se terminent par ces mots : « Le tout selon l'usage de
Castille : *Hachol keminahry Castilla.* » Le sort de cette malheureuse nation, sort humainement inexplicable, est des plus
tristes que l'on puisse imaginer, bien qu'il doive un notable
adoucissement au caractère d'Abd-er-Rhaman, dont le règne
est beaucoup moins cruel que celui des chérifs précédents.
Du temps de ces derniers, le mellah, c'est-à-dire la terre
salée, aride et maudite devenait fréquemment une sorte d'en-

_____

(1) Davidson 's *Africal Journal.* Londres 1839, in-4°.

fer. Peu d'années s'écoulaient sans qu'il fut livré au pillage.
Les Juifs n'ont point oublié la catastrophe de ce genre dont
ils furent victimes à Fez, vers la fin du siècle dernier, par le
caprice du féroce Mohammed Yezid, le fils de la renégate
anglaise Lella Zarzet ; et, parfois, quand un Maure leur réclame de l'argent, au lieu de répondre qu'ils n'en ont pas, ils
lui demandent : « N'étiez-vous donc pas au pillage de Faz-
Djedid ? » Le quartier des Juifs est au Nouveau Fez. Il était
presque passé en coutume de payer ainsi périodiquement,
par le *triteul* de la juiverie, l'arriéré de la solde des troupes. Les mellahs de Tétuan, de Larache, d'Alkassar furent
dévastés comme celui de Fez sous le même Yezid. Les chefs
de la communauté israélite s'estimaient heureux lorsqu'ils
obtenaient de composer avec les troupes à force d'argent,
Si le sang des juifs n'est plus versé comme autrefois, on ne
leur épargne point les exactions là surtout où ne flottent pas
les pavillons européens et longue est la liste des avanies
qu'on leur fait subir. On dit qu'à Rome ils ne passent jamais
sous l'arc-de-triomphe de Titus ; mais s'ils gardaient de pareilles rancunes en pays musulmans, je ne sais quels chemins ils devraient prendre.

Le droit de capitation imposé aux juifs marocains varie
selon les villes ; il est en moyenne d'environ huit francs et il
s'étend jusqu'aux enfants à la mamelle. La répartition est
faite par les synagogues ou congrégations ; le gouvernement
ne vérifie rien, mais il augmente chaque année le total de la
somme. Les riches payent pour les pauvres, suivant les décisions des chefs de la communauté : car, les Juifs persécutés
par les Musulmans se resserrent dans les nœuds d'une étroite
solidarité et ils se souviennent généralement du précepte
qui leur a été tracé au Deutéronome : « *Omnino indigens et
mendicus non erit inter vos.* Il ne se trouvera parmi vous
aucun pauvre ni aucun mendiant. » Quand arrive le temps
de payer l'impôt par lequel ils achètent le droit de conserver leur tête, ils ne reçoivent aucun avertissement. Huit

jours leur restent pour s'en acquitter. S'ils ne l'ont pas fait alors, le gouverneur de la ville a le pouvoir de livrer le mellah au pillage. Sur chaque mille piastres, ils en ajoutent cinquante pour le gouverneur et les soldats qui lèvent l'impôt. Ils sont tenus en outre de faire des offrandes à l'empereur aux quatre grandes fêtes de l'année musulmane.

La culture est interdite aux juifs, ainsi que la possession de terrains ou de maisons en dehors du mellah. Ils ne peuvent avoir d'immeubles en gage. Tout immeuble du mellah qui appartient à un musulman ne peut être vendu à un juif sans l'autorisation spéciale du sultan ou du pacha au nom du sultan. Le gouvernement craint que les juifs, ayant la facilité de convertir leurs capitaux en immeubles, ne spéculent de ce côté avec une avidité et une adresse excessives. Il ne faut pas se hâter de lui donner tort. Le thalmud permet aux juifs l'usure illimitée contre les goïms ou étrangers à la moderne synagogue, et il dilate démesurément le sens de ce qui est écrit au Deutéronome : « *A peregrino et advena exiges ; civem et propinquum repetendi non habebis potestatem :* Vous pourrez exiger la dette du voyageur et de l'étranger, mais non de vos concitoyens, ni de vos proches. » Je ne pense pas que les juifs du Maroc prêtent tous à 300 p. 0/0, comme le rabbin dont parle l'infortuné M. Rey (*Souvenirs d'un voyage au Maroc, p. 89*) ; mais en général ils ne se contentent pas du taux courant en Afrique et qui est de 12 p. 0/0. J'ai emprunté moi-même à 30 auprès d'un honnête israélite de Tanger ; c'est le taux ordinaire, avoué et accepté communément par nos compatriotes. On comprend d'après cela que l'usure clandestine doit aller loin.

C'est une des raisons pour lesquelles un juif est exposé à ne rien obtenir d'un débiteur musulman, si sa créance n'est pas au-dessus de toute contestation. Il lui faut alors se faire payer par ruse.

On doit rendre aux marchands juifs du Maroc la justice de dire que la plupart d'entre eux suent la fraude, la cupidité et le vol. Je ne parle pas de ceux qui ont des relations commerciales suivies avec des négociants étrangers ; il se peut qu'ils soient honnêtes ; je parle seulement de ceux qui exploitent les voyageurs, en leur vendant les produits du sol ou de l'industrie du pays. Je pourrais donner, par exemple, l'adresse de tel fabricant de Marseille qui fournit à tel juif de Tanger ses prétendus poignards du Sous à lame courbe, poignards que ce dernier vend à un prix exorbitant, attendu la difficulté du transport par les califas ou caravanes. On sait avec quelle effronterie et quel calme ces gens-là demandent d'un objet dix fois sa valeur, s'il soupçonnent dans l'acheteur la bonne foi et l'ignorance à exploiter. Mais ici encore ils peuvent s'appuyer en conscience sur le thalmud, et il ne reste aux goïms d'autres ressources que de se défier.

Un juif au Maroc ne peut monter un cheval ni dans une ville, ni en vue d'une ville. C'est toléré dans la campagne, pourvu qu'il ne se serve pas de la selle proprement dite, mais de l'*aberda* ou *srijel*, de la selle de mulet.

Un juif ne peut lever la main contre un musulman, même pour défendre sa vie, à moins qu'on ne l'attaque dans sa maison. Il encourrait la peine de mort. Il y a deux ans, un chérif de Tétuan eut la fantaisie de bâtonner un juif qui se trouva sur son chemin et de lui arracher la barbe. Le juif osa faire mine de repousser l'agresseur ; et l'on ajouta une bastonnade légale à la bastonnade irrégulière qu'il avait déjà reçue. Mais le juif était algérien et le consul de France demanda raison au pacha de Tétuan. Celui-ci fit des excuses et prétexta qu'on avait ignoré la qualité de l'israélite ; il ajouta que la victime agirait prudemment en ne remettant jamais les pieds à Tétuan, où il faudrait une escorte continuelle pour sauvegarder sa vie.

La couleur verte réservée aux chérifs et les couleurs vives sont interdites aux juifs pour leur vêtement. Ils ne peuvent ceindre aucune espèce de turban, et leur coiffure est le bonnet noir retenu par un mouchoir de soie. C'est à Maroc et à

Mequinez qu'ils ont obtenus d'abord l'usage de ce foulard, comme un moyen de protéger les oreilles. En réalité, ils voulaient se soustraire à une insulte accoutumée des enfants maures, qui se faisaient un jeu de leur enlever le bonnet, marque de servitude. Ils n'ont pas le droit de lier le foulard sous le menton par un nœud double : ce nœud doit être simple, et le foulard ôté en présence des autorités musulmanes.

Ils sont obligés de porter toujours le manteau noir ou bleu foncé (*yallak*) ; ce n'est que par tolérance qu'ils revêtent le *slam* blanc, petit manteau utile contre les ardeurs du soleil. Le capuchon du manteau, en drap bleu, ne peut se rabattre sur la tête, dans la crainte qu'on ne confonde de loin un juif avec un maure ; car le maure porte quelquefois le capuchon de même couleur, seulement avec une bordure différente. Il faut d'ailleurs que le bonnet noir reste toujours apparent. De plus, le manteau doit s'ouvrir un peu à droite et le capuchon retomber sur l'épaule gauche, de manière à gêner le mouvement du bras : autre marque de servitude.

Le témoignage des juifs n'a pas de valeur en justice. Devant les magistrats, ils ne peuvent parler qu'accroupis, *agachados*. Dans les rues où il y a une mosquée, une zaouïa, le tombeau d'un santon, et en passant devant la porte de certains personnages, ils sont tenus de marcher nu-pieds. Il en est de même quand ils paraissent devant les autorités marocaines. Aussi ne mettent-ils pas de chaussures en été. A Fez, à Maroc, à Rbât et autres grandes villes, ils les déposent à la porte du mellah, comme nous faisons en France de nos cannes et de nos parapluies à l'entrée de plusieurs monuments publics.

Il y a des mosquées et des tombeaux dont les juifs ne peuvent s'approcher sous aucun prétexte sans courir le risque d'être écharpés : il leur est prescrit de ne pas même entrer dans le quartier qui renferme ces sanctuaires, ou de passer au large et hors vue s'il s'agit de zaouïas en rase campagne.

Malheur au juif assez téméraire, par exemple, pour pénétrer à Ouezzan ! M. Altaras y est allé comme Français, sous la sauvegarde de la France et d'une escorte bien armée. L'émoi fut grand cependant, et il fallut toute la piété que l'on professe envers le chérif pour faire admettre ce raisonnement : On peut le tolérer, puisque le chérif le tolère. Ce scandale était inoui.

Au marché, quand un maure achète une chose qui sert à la nourriture, un juif n'a pas le droit de surenchérir.

Les juifs ne peuvent se marier sans l'autorisation du gouvernement et sans offrir des cadeaux en rapport avec leur fortune.

Ils ne peuvent porter leurs morts au cimetière qu'en courant, et s'ils rencontrent alors un convoi funèbre musulman, il faut cacher au plus vite le cadavre juif afin d'éviter la profanation et les excès d'une incroyable fureur.

Je pourrais grossir ce triste catalogue des vexations légales et y ajouter les outrages et les injustices qui viennent du mépris et de la haine des particuliers, mais il suffit pour montrer la misérable condition d'un peuple qui serait un mystère dans l'histoire humaine, si l'on ne savait quel sang a retombé sur lui. L'histoire de sa passion ressemble terriblement à celle de la passion de Notre-Seigneur Jésus-Christ. Ils endurent tout ce que leurs pères lui ont fait souffrir, et l'on est bien forcé de dire ici : Les pères ont mangé la grappe verte et les dents des enfants en sont agacées : *Patres comederunt unam verbum et dentes filiorum obstupuerunt.* JÉRÉMIE (1).

Inutile d'ajouter qu'ils désirent vivement la conquête européenne. Ils la voudraient, même au profit des Espagnols, bien qu'ils gardent souvenir des sévères traitements d'autre-

(1) On sait que les juifs, à Tanger, sont dans une condition moins pénible que dans les autres villes du Maroc. Presque tout ce que je viens de dire leur est néanmoins applicable.

fois et qu'ils pratiquent des jeûnes religieux en mémoire des auto-dafés dont ils conjurent Adonai de prévenir le retour. Parmi eux, il est des hommes très intelligents ; on voit que leur esprit s'aiguise par la réflexion, la circonspection, la ruse, au moyen desquelles ils suppléent à la justice et à la force dont ils n'ont souvent rien à espérer. Dans la supposition d'une conquête, ils nous rendraient donc d'importants services. Seulement on devrait tenir compte, pendant quelque temps et jusqu'à un certain point, des préjugés des musulmans et ne pas épouser complètement leur cause aux yeux de ces derniers, comme on l'a fait si vite en Algérie. Ils parlent communément l'espagnol et se distinguent par leur aptitude à apprendre les langues, au moins pour la pratique des affaires. Ce don providentiel a été fait à leur nation qui eut longtemps la mission de répandre la vérité parmi les peuples.

Le manque d'écoles et de médecins entraîne pour les juifs du Maroc des maux très graves de toute nature. Il serait trop long de les décrire. Mais, au nom de l'humanité, je souhaite que les riches financiers juifs étrangers et les riches marchands juifs indigènes, imitent les exemples de bienfaisance et de générosité donnés par M. Salomon de Rotschild.

En 1858, il a visité Tétuan, et, touché de la situation sanitaire de ses frères en religion, il leur a envoyé un médecin juif, d'origine hongroise. Il alloue 200 fr. par mois à cet estimable docteur, et pourvoit également la pharmacie de tous les médicaments nécessaires. M. de Rotschild suivait du reste les traditions de famille. Je me rappelle qu'à Naples, au dernier choléra, Mgr le cardinal Riario Sforza, ayant épuisé toutes ses ressources, contracta envers la banque de M. de Rotschild, un emprunt dont on refusa de recevoir les intérêts.

Il est à souhaiter, enfin, que le plus grand nombre possible de juifs obtiennent le titre de *protégés*, qui, en les rattachant à l'un des consulats européens, les met plus ou moins à l'abri de la persécution musulmane. Mais il faudrait aussi qu'ils se-

montrassent dignes de cette faveur et comprissent qu'ils ne
doivent pas en abuser. Les consuls redoutent en quelque sorte
de l'accorder, parce qu'ils sont fatigués à l'excès des inces-
santes réclamations et des prétentions toujours croissantes
dont leurs protégés les accablent. Un autre inconvénient, c'est
que les protégés croient avoir acquis le droit d'insolence envers ceux qui ne le sont pas.

Sous le rapport religieux, les juifs du Maroc paraissent suivre scrupuleusement les cérémonies et pratiques extérieures
de leur loi, où le thalmud étouffe la Bible. Ils semblent complétement dominés par l'illusion dont ils tâchent de faire une
espérance. Recevant dans leurs maisons l'hospitalité, j'ai fré-
quenté leurs synagogues et me suis associé, autant que la dé-
cence et ma foi me le permettaient, aux fêtes de famille,
toutes empreintes du rituel sacré. Ils témoignaient beaucoup
de complaisance à ma curiosité. Et j'avoue que, fermant les
yeux sur le thalmudisme pris en lui-même, j'éprouvais une
respectueuse compassion pour ses disciples. Le culte domestique, au milieu de ses bizarreries, offre un caractère patriar-
chal et touchant. A la synagogue, il est plus difficile de tenir
son sérieux ; cependant le cérémonial révèle parfois des si-
gnifications symboliques d'une remarquable élévation. Les
livres liturgiques sortent communément des presses hé-
braïques de Vienne.

Les observances prescrites par la synagogue avec une ri-
gueur qui ne distingue pas les matières graves des matières
légères, causent des ennuis multipliés aux Européens et en
particulier à MM. les consuls qui ont tous des juifs à leur service. Les jours de sabbat et de fêtes suspendent, non seulement les affaires, mais des actions et des relations à la fois
innocentes et nécessaires au commerce ordinaire de la vie.
On ne saurait croire que de contrariétés naissent pour nous
de cette cause. Je me résignais pourtant, à l'occasion. Mais
ce qui me révolta, c'est la sévérité des rabbins à punir par de
dures pénitences les manquements les plus insignifiants et

les plus involontaires qu'une pauvre servante, par exemple, croyait avoir à se reprocher. Cette pauvre fille, oubliant, le vendredi soir, l'heure qui ouvre le sabbat, donnait-elle par distraction à l'étranger une bougie allumée, le rabbin infligeait un jeûne de vingt-quatre heures. Et je voyais la pécheresse, *penserosa e tacita*, pâlir et tomber de défaillance en accomplissant dans l'hôtellerie son humble et pénible service. Oh ! que l'Evangile l'a bien dit : « *Alligant onera gravia et importabilia et imponunt in humeros hominum ; digito autem suo nolunt ea movere* : ils inventent des fardeaux pesants, insupportables, et les mettent sur les épaules des autres ; quant à eux, ils ne les touchent même pas du doigt ! » — *Mathieu*. Ils exercent cette tyrannie en demandant la confession des fautes, usitée, il est vrai, dans l'ancienne synagogue. — Marc I, 5, — Nombres, v., versets 6 et 7.

Au lieu d'écraser de pauvres femmes, ne vaudrait-il pas mieux les éclairer sur les innombrables superstitions qui les ravalent au niveau des Mauresques ? Les femmes juives, surtout les vieilles, se font un cas de conscience de s'agenouiller, parce que les chrétiens prient ainsi ; d'éteindre la lumière avec le souffle, de balayer avec un chiffon, de raccomoder un habit sur soi, etc., etc. J'ai retrouvé dans ces têtes la plupart des superstitions musulmanes recueillies avec respect au livre des souvenirs, Ketab-el-Ad-Kêr, d'El-Merïouni, puis par le cheikh Moulê-Ahmed en son voyage, dont M. Berbrugger a publié une traduction.

Pour la multitude des usages que le thalmud impose à ses disciples, elle ne doit pas nous étonner, envisagée du point de vue chrétien. Elle est évidemment une des principales causes qui mettent les juifs dans l'impossibilité de se fusionner avec les autres peuples. Or, ils doivent subsister ainsi pour que les prophéties s'accomplissent.

Il y a peu de renégats juifs, et ceux qui ont abandonné la synagogue pour la mosquée y reviennent souvent, en passant du Maroc à l'Algérie. Un juif converti au protestantisme

et soi-disant ministre du saint Evangile essaya , il y a
quelque temps, de pérorer au mellah de Tétuan qu'il inonda
de nouveaux testaments dus à l'inépuisable simplicité de la
propagande de Londres. Il revint hué et ses livres furent li-
vrés aux flammes.

Les juifs marocains ont en vénération la mémoire de Sol
Achouel, la jeune martyre dont l'histoire émut de notre temps,
l'Europe elle-même. Les musulmans n'ont pu s'empêcher
d'admirer son héroïsme et ils honorent, au milieu de la grande place de Fez, l'endroit où elle expira dans les supplices
les plus atroces, plutôt que d'abjurer la loi de Moïse. Je pense
que cette grande âme appartient à l'église du Christ, de Moïse et des patriarches et non pas à la synagogue thalmudiste ;
car les rabbins avaient officiellement autorisé l'apostasie ex-
térieure, comme moyen légitime d'éviter la mort.

Chose digne de remarque : les juifs ne parlent plus de
prophéties ni de miracles au sein de leur religion. Que ne re-
cherchent-ils pourquoi la source de ces faits surnaturels est
maintenant tarie. Il ne m'a été donné de recueillir qu'une ou
deux vagues légendes dépourvues d'authenticité et même de
notoriété. On cite un juif de Tétuan qui, ayant embrassé l'islamisme, s'empoisonna en signe de repentir. Les juifs l'enlevèrent à prix d'or du cimetière des musulmans ; et ceux-ci
ayant voulu le reprendre au cimetière des juifs, une pierre,
tombée on ne sait d'où, se trouva posée sur la sépulture et y
pesa d'un tel poids qu'il fut impossible de l'arracher.

Les Maures de la même ville forcèrent un autre vieux juif
de demander au ciel la pluie qu'il refusait depuis plusieurs
années à la terre aride et frappée de stérilité. En vain les
santons de Mahomet s'épuisaient en invocations accompa-
gnées du pieux tintamarre des hautbois et des tambours, ils
n'avaient rien obtenu. Le vieux juif pria, la pluie tomba et il
mourut le lendemain (1). Voilà la légende très peu dorée de
la synagogue marocaine au Nord de l'empire.

(1) Les Arabes ne sont pas embarrassés pour expliquer le

Malgré la prolixité de ces détails sur les juifs, on me pardonnera de ne point passer sous silence la beauté des juives du Maroc que les voyageurs et les artistes ont rendue célèbre. Autant ils témoignent de répulsion pour les juifs autant ils exaltent la beauté de leurs femmes et de leurs filles. Cet engouement est probablement dû à la nouveauté du type auquel les yeux des Européens ne sont pas accoutumés. Il est possible que l'éclat du teint et des noires prunelles fasse illusion pendant quelque temps; mais on reconnaît bientôt que ce don fragile est d'un ordre inférieur, quand on le compare à la beauté chrétienne. Au point de vue de l'art, l'odalisque est loin d'égaler la madone. La physionomie des juives trahit toujours l'absence d'idées et de sentiments élevés. Elle reflète une âme vulgaire et la partie inférieure du visage manque totalement de noblesse. Au Maroc, on vante surtout les juives de Tétuan et de Mequinez ; pour exprimer une beauté merveilleuse, on se sert de l'épithète *miknasia*, comme on dit en Italie *raffaellesca*. Mais ces deux mots correspondent à un idéal bien différent !

On ne saurait croire à quel degré les juives du Maroc poussent la vanité et le luxe des vêtements. Les servantes les plus pauvres portent constamment des robes d'indienne, mais à trois volants, et les jours de fête l'éclat des parures confond les conditions de fortune beaucoup plus qu'en Europe. Les jeunes filles juives des ports voisins de l'Europe suppléent à la crinoline, dont les consulats leur ont offert quelques exemples, en revêtant à la fois toutes les jupes de leur garde-robe. Au reste, elles n'empruntent guère à nos modes que cette partie du costume, et conservent d'ailleurs les usages de leur nation. Recevez vous l'hospitalité dans une famille juive, on regarde comme une politesse de vous pré-

---

succès des prières des juifs : « Dieu se plaît, disent-ils, à écouter l'harmonie de nos prières ; mais celles des juifs le dégoûtent tellement qu'il se hâte de les exaucer pour ne plus les entendre. » C'est ingénieux !

senter les jeunes fiancées de la famille, ornées de leurs plus
riches atours : et alors vous comprenez la comparaison du
psaume 143 : « *Filiæ eorum compositæ : circumornatæ ut simi-
litudo templi :* leurs filles sont parées avec art et chargées
d'ornements comme des temples ». Les broderies d'or, les
pierres fines, les étoffes précieuses et les joyaux massifs respirent les vieux souvenirs de la Bible. *Et ornata es auræ et argento, et vestita es bysso ex polymito et multicoloribus,* disait
Ezéchiel (ch. XVI). La *sfifa* ou ce large diadème d'or et de
perles, qui se lie derrière la tête au moyen de rubans et qui
retient un brillant foulard rayé de soie et d'or ; les *alkhorsas,*
ces larges pendants d'oreille où étincelle le diamant ; les
anillos, les *khouaten,* bagues aux dessins antiques ; les *rollos*
ou *nbaïls* qui emprisonnent le poignet dans leurs cercles de
métal richement ouvragés ; tous ces ornements où la matière
le dispute au travail, déjà le prophète les donne aux filles
d'Israël : *Dedi armillas in manibus tuis, et circulos auribus
tuis et coronam decoris in capite tuo.* Moins les diamants
pourtant, inconnu aux anciens.) — La Bible n'a oublié ni les
kholkhals d'or ou d'argent, qui enserrent la jambe au-dessus
des chevilles ; ni l'*okhaia,* écharpe aux franges d'or qui entoure la tête des femmes mariées et presse à la ceinture la
giraldeta dont un coin est relevé de splendides broderies, ni
le *koheul* dont on abuse pour corrompre le regard, comme
au temps de Jézabel (IV Rois, ch. 9), ni les voiles transpa-
rents de byssus (coton) et de soie, ni les miroirs, ni les parfums, ni les sandales brodées, ni les *touafeurs* ou nattes de
cheveux artistement tressés, aucun détail enfin de tout l'at-
tirail d'une toilette orientale. Ecoutez Isaïe : *Filiæ sion ambulaverunt extento collo, et nutibus oculorum ibant, composito gradu incedebant. Auferet Dominus ornamentum calceamentorum et lunulas et torques et monilia et armillas et mitras, et discriminolia et periscelidas et murenulas, et olfacto-
riola et inaures et annulos, et gemmas in fronte pendentes et
mutatoria et palliola, et linteamina et acus et specula et sin-*

donex et villas et theristra... et erit pro crispanti crine calvi-
tium, et pro fascia pectorali cilicium. (Ch. III.) Dans cette
seule énumération, quelle ironie amère ! Cette *fascia pectora-*
lix, c'est le corsage de la robe, le *kassote* ou la *punta* qui la
ferme et où brille tout l'orgueil du luxe. Le prophète Osée y fait
quelque part une allusion violente (chap. II, v. 2). Tous les
voyageurs observent avec quel soin les juives mariées cachent
leurs chevelures à l'aide de bandeaux de soie noire. Elles se
conforment en cela au thalmud (Traité KETUBOT, folio 72) et
suivent une règle dont l'infraction serait une cause de di-
vorce. Saint Paul conseillait aux Corinthiennes une pareille
modestie (I Cor. XI, 6).

—Mais c'est assez parler des Juifs.

Outre les Bèrbères, Amazirgs et Chelloks, les Arabes, Maures et Bedouins, outre les Nègres et les Juifs, on rencontre
encore au Maroc une race errante dont nous ne saurions indiquer les origines. Elle paraît avoir beaucoup de ressemblance
avec celle des Bohémiens de France, des Gitanos de l'Espagne, des Ciganos du Portugal, des Gypsies d'Angleterre, des
Ziguenner d'Allemagne, des Zigans de Valachie, des Zingari
d'Italie. Au Maroc, ces hommes sont maquignons comme en
Algérie et en Angleterre ; les femmes pratiquent la chiro-
mancie, disent la bonne aventure et tous ces vagabonds font
une sorte de concurrence aux sorciers réputés du Sous. Cette
race serait-elle formée de détritus des peuples barbares qui
ont envahi l'Occident et renversé l'empire romain ? Est-ce
un peuple homogène, comme une certaine unité de physionomie et l'emploi de certains mots communs le feraient
croire ? Vient-il, comme on l'a dit, des Perses qui envahirent
l'Egypte sous Cambyse ? Problèmes pour la solution desquels
le Maroc ni l'Algérie ne nous ont fourni aucune donnée. M.
Drummond-Hay a cru reconnaître au Maroc le sang wisigoth
dans des Berbères aux cheveux roux et aux yeux bleus ; mais
on sait que ces traits se rencontrent fréquemment chez les
Berbères de l'Est où les Goths n'ont pas pénétré.

Les renégats sont encore nombreux dans l'empire des chérifs et ils sont pour la plupart d'origine espagnole. Les déserteurs des precidios et ceux de notre armée d'Afrique, à la frontière de la province d'Oran, peuvent entrer aisément dans les troupes régulières du sultan. Ils servent ordinairement comme artilleurs ou musiciens. C'est ainsi qu'à Tanger, il y a quelques années, la musique de la garnison, composée de réguliers renégats, faisait entendre le plus souvent des airs populaires espagnols : la *Jota aragonese*, la *Cachucha*, le *Bolero*, *los Toros del Puerto*.

Parmi ces malheureux, il y a plusieurs aventuriers de fortune et qui ont su obtenir de hautes fonctions. Mais ceux qui ne sont pas soldats, vivent dans une condition souvent très misérable. Ils pourraient avantageusement pratiquer un métier, s'ils ont été ouvriers en Europe ; car ils possèdent alors quelque supériorité parmi les artisans du pays : elle leur est assurée par le degré d'intelligence, l'habileté de la main ou l'usage d'outils inconnus au Maroc. Mais lâches et tarés, ils croupissent presque tous au dernier degré de l'abjection, méprisés par les musulmans eux-mêmes. Ils ne peuvent, je l'ai constaté, détruire l'aiguillon de la conscience ; aussi cherchent-ils à dissimuler les motifs honteux qui les ont jetés dans l'infamie : ils se disent pour le moins anciens sous-officiers, que l'amour seul a perdus ; libres de rentrer dans leur patrie, ils ne sont retenus que par dévouement à la Mauresque algérienne qui a émigré avec eux. Ou bien, ils sont victimes des injustices de l'autorité militaire ; leur apostasie est une vengeance, ou un moyen de fuir le châtiment immérité d'un acte raisonnable d'insubordination. La vérité est que la plupart de ces honnêtes gens auraient à répondre d'assassinat ou de vol, s'ils ne fuyaient la justice de leur pays. Aujourd'hui le consul de France et les pachas gouverneurs du littoral s'opposent à ces aventuriers qui viennent de temps à autre, sous prétexte d'embrasser l'islamisme, tenter la fortune au Maroc. Et ils leur rendent un grand service. Car ces badauds, qu'un crime n'arrête pas, se sont ordinairement monté la tête à ouïr ou à lire l'histoire des anciens renégats des régences, devenus ministres ou chefs d'Etat, sans autre capacité que l'audace dans la scélératesse. Ils ignorent que les temps sont changés et que le métier de renégat est tombé dans un discrédit universel. On les éconduit donc, en les priant d'aller d'abord apostasier en Algérie, par devant le cadi, et de fournir ainsi une preuve de conversion sérieuse au mahométisme. Ils partent et naturellement, ne reviennent pas.

Non seulement les musulmans se défient des chrétiens qui veulent apostasier, mais ils ne sont point touchés des louanges que certains esprits faux accordent à l'islamime. Un des voyageurs modernes les plus malmenés au Maroc est l'Anglais Urquhart, qui, en s'extasiant sur le Coran, espérait obtenir l'entrée de Fez, de Maroc, de Mequinez et de Tafilet. Il en fut pour ses frais d'admiration.

L'on ne voit plus qu'à de rares intervalles l'exemple de jeunes têtes, d'ailleurs lettrées, mais tournées par les passions, se jeter dans le scandale de l'apostasie. Celui qui a été donné, en 1858, par le consul chrétien d'une nation étrangère, dans un des ports du Maroc, est sans aucun doute réparé maintenant. Il était de nature à froisser vivement le légitime orgueil de la nation.

En énumérant les diverses parties de la population marocaine, nous n'avons plus, grâces à Dieu, à compter les esclaves chrétiens. Les chérifs ont donné depuis longtemps des gages certains de leur bonne volonté pour la suppression de l'esclavage entre chrétiens et musulmans. Sidi Mohammed en prit l'initiative sous Louis XVI ; Moulé Soliman, sous Louis XVIII et avant l'expédition de lord Exmouth, en proclama l'abolition totale. Il fit plus : il en prévint le retour par le désarmement de sa marine, en 1817, et racheta les esclaves de l'Oued-Noun et du Sahara, victimes des naufrages et des courants redoutables du cap Bojador. Moulé-Abd-er-Rhaman a pris par les récents traités des engagements formels. Il est vrai qu'il n'a pas la force de les mettre à exécution dans le Rif ; mais sa bonne volonté n'est pas douteuse, et il craint assurément qu'on ne fasse de son impuissance un *casus belli*.

Du tableau ethnographique que nous venons de tracer, on doit conclure que le mélange des races est curieux au Maroc· En effet, rien n'est varié, pittoresque, bizarre, coloré et colorié comme ces marchés où se coudoient les enfants de Sem, de Cham et de Japhet. Le maure avec son fin burnous d'une blancheur éblouissante, son caftan rayé, sa lévite bleu-de-ciel, le front ceint d'un turban de soie rouge ou aurore, le pied chaussé de la pantoufle en marocain jaune ; le bedouin fellah, vêtu de l'imperméable chellaba, à larges manches tendues au pli du coude, grise et rayée comme nos limousines ; le juif crasseux au yallak bleu sombre, coiffé du bonnet noir ; le nègre à la tête laineuse, suffisamment protégée par sa tunique d'un blanc sale et l'insensibilité de son cuir luisant ; l'européen au paletot disgracieux, à l'incroyable chapeau de feutre en colonne tronquée ; les berbères à la face cuivrée, drapés du manteau de laine, le flanc et les bras nus, la tête rasée et surmontée d'une houppe ; les blonds rifains tatoués de jaune, le long fusil sur l'épaule, et la tête entourée de la gaîne en drap rouge enlevée au fusil. Dans la foule se glissent les enfants, avec la mèche du mahomet sur l'oreille droite et les cheveux taillés court en dessins géométriques. La femme du Djebel est assise à terre devant des légumes et des fruits, des poules et des œufs ; elle cache à demi son visage ridé à vingt ans, sous un pli du haïk ou sous les ailes immenses d'un chapeau de paille constellé de pompons de laine. Et, près d'elle, la négresse accroupie offre aux acheteurs ses lourds petits pains ou de grossières poteries au galbe antique. La mauresque toute enveloppée de ses voiles blancs et parfumés passe modestement sur le sentier voisin qui mène au cimetière et où s'enfuit, au galop d'un barbe écumant, quelque jeune lady en costume d'amazone.

Un pouvoir qui s'étend sur des races aussi profondément distinctes, réparties sur un territoire découpé par des barrières naturelles que la civilisation n'a point abaissées, un tel pouvoir ne s'exerce que difficilement; il ne lui est guère possible d'atteindre à toutes les extrémités de l'Empire avec une vigueur constante et une entière régularité. Aussi les chérifs du Maroc, que nous décorons bénévolement du titre sonore et grandiose d'empereurs, sont au fond d'assez pauvres sires. L'histoire de leurs règnes se compose principalement de guerres civiles et de révoltes comprimées. Le côté anecdotique est rempli d'actes violents, arbitraires, capricieux, de têtes coupées, de jugements bizarres et inattendus, de supplices ingénieusement cruels. Voilà autant de marques de faiblesse et d'une souveraineté mal assise. Ce qui sauve les chérifs, c'est le titre même de chérifs ou de descendants du Prophète. La révolte contre eux prend aux yeux des peuples un caractère sacrilège qui circonscrit les soulèvements et les dirige plutôt contre les gouverneurs que contre le chef du gouvernement. Telle province refuserait l'impôt à Abd-er-Rhaman, si l'impôt n'était sous forme d'offrande religieuse. Détesté pour son insatiable avarice, ce vieux chérif n'a pourtant à combattre que des rébellions partielles et provoquées par la rapacité de ses lieutenants. On le souffre parce qu'il est chérif et qu'il arrive au terme de sa carrière. Mais le jour de sa mort sera un jour de fête pour son Empire. On le concevra en sondant un peu les arcanes de son administration. Disons préalablement quelque chose de la division administrative des provinces.

Nos informations ne nous mettent pas en mesure d'énumérer tous les pachaliks établis au Maroc. Le tableau suivant que nous avons lieu de croire exact offrira, malgré ses lacunes, un certain intérêt. Il est essentiel de savoir que l'on donne souvent le titre de pachas à des gouverneurs qui dans leurs lettres d'investiture, portent simplement celui de caïds. Le sultan accorde lui-même le premier de ces titres, mais seulement à ceux qu'il charge des gouvernements les plus importants. Le pacha ou gouverneur concentre dans ses mains le gouvernement civil et militaire, non pas cependant la justice, ni civile ni criminelle, réservée au cadi. Les cas de lèse-majesté ressortissent directement du sultan. Au-dessous du pacha sont les cheïks et les autres rouages qui se retrouvent dans l'organisation générale des pays musulmans. Disons encore que les douanes sont d'ordinaire indépendantes du pacha. Elles ont pour administrateurs des amin, communément deux dans chaque port, et ils sont assistés par des hadels ou notaire royaux qui enregistrent les exportations et les importations. Les pachaliks que nous pouvons désigner sont :

1. Agadir, Santa-Cruz des Portugais, au Nord de l'embouchure de l'Oued-Sous. Le roi Emmanuel de Portugal créa cette place de guerre vers 1507. Les Portugais la perdirent en 1536. Elle est en ruines.

2. Mogador ou Soueira, port de Maroc et principale place du commerce maritime de l'empire. Elle a été bâtie vers 1760, par le Sultan Sidi-Mohammed, qui excita les Européens à y fonder des établissements.

3. Province de Haha et Chiedma. Le pacha réside à Mogador. Ces deux provinces sont séparées par la route de Mogador à Maroc, et comptent, la première douze fractions et l'autre dix-huit.

4. Maroc ou Merrakech, une des deux capitales de l'empire, située sur un affluent de l'Oued-Tensift, fondée en 1062-454, par Youssouf ben-Tachefln, qui n'aimait pas le séjour d'Agmet.

5. Haus, province de Maroc.

6. Taroudant, ville située dans le Sous et en communication avec Maroc. Elle a été aggrandie au quinzième siècle par le chérif Mohammed, et dépérit maintenant. On laboure dans son enceinte.

7. Demnat. Province sans ville importante, au Nord-Est de Maroc.

8. Safi, port de mer au Nord de l'embouchure de l'Oued Tensift. Les Portugais la prirent en 1507 et l'évacuèrent vers 1541. La création de Mogador a bien diminué le commerce de Safi.

9. Abda, province de Safi. Le pacha réside en cette ville. La province d'Abda est en réputation pour la beauté de ses chevaux.

10. Cheraghna. Province, pas de ville.

11 et 12. Doukala. Province divisée en deux pachaliks. Elle est importante pour la production des céréales et des laines. Elle est bornée au Nord par l'Oued-Oum-er-Rbïa.

13. Azemmour. Le pacha de cette ville gouverne aussi Mazagan, Chiedma des Chellohs, peuplée par une immigration des gens du Sous, enfin une partie du Doukala. Prise par les Portugais en 1513, Azemmour fut évacuée vers 1540. Elle est voisine de Mazagan ou Castillo-Real, bâti en 1506 par les Portugais, qui la possédèrent jusqu'en 1769.

14. Casa-Blanca ou Dar-Beïda des Arabes. La petite ville de Fedala, l'ancienne Anfa, se rattache à Dar-Beïda, qui est un des ports du commerce européen. Fedala fut fondée en 1773 par le sultan Mohammed, qui bâtit Mogador.

15. Territoire des Chouïa et Ouled-Harris. Le pacha réside à Casa-Blanca.

16. Casbah de Listad, les Ouled-Zian et une fraction des Ouled-Harris ont un pacha qui réside tantôt à Casa-Blanca, tantôt à la Casbah.

17 Province de Mdakora. Pas de ville.

18. Province d'Ordera.

19. Les Beni-Ahmeure et Tedla, province.

20. Begeâd, province.

21. Rbât, Temarâ, Mansouria forment un pachalik. Le pacha réside à Rbât, grande ville très commerçante, située à l'embouchure du Bou-Regreb, sur la rive droite, vis-à-vis de

4

Salé. Mansouria est une ville en ruines, au bord de la mer, entre Fedela et Rabat. Temarâ, petite ville neuve, édifiée par le sultan actuel, à mi-chemin de Rabat à Casa-Blanca, est peuplée par une colonie militaire des Oudaïa, dont nous parlerons bientôt. Elle a pour mission de tenir en respect les Ziaïdâ, tribu d'un caractère indocile et turbulent, qui habite les forêts voisines. Un khalifa du pacha de Rabat est fixé à Temarâ.

22. Salé ou le Vieux-Salé, par opposition à Rabat, qu'on appelle aussi Slâ-Djedid, est une ville considérable et manufacturière. Elle est pourvue d'un pacha. Elle a conservé longtemps des vestiges remarquables de son ancienne organisation républicaine.

23. Mehdiâ, petite ville à l'embouchure de l'Oued Sebou, est gouvernée par un pacha, ainsi que la province environnante, remarquable par ses forêts et ses plaines marécageuses.

24. La province de Helots forme un pachalik nommé communément le Gouvernement de Bén-Aouda, du nom de la famille qui depuis plus d'un siècle en possède l'administration comme par héritage.

25. Les Beni-Hassen occupent une vaste province, divisée en plusieurs fractions, dont la principale relève de Ben-Aouda.

26. Larache ou El-Araïch (les Berceaux, ou en berbère, le Jardin des Fleurs), située à l'embouchure du Louçcos, le Lixos de Pline, est le siége d'un pacha qui gouverne aussi Arzilla ou Azaïla, la Zilia des Carthaginois; Julia Traducta des Romains. Prise en 1471 par les Portugais, elle fut évacuée au dix-septième siècle.

27. Tanger, avec les Beni Guerfen, une portion des Helots, de Rif, Angera et Sahel, pachalik. Tombée aux mains des Portugais à la prise d'Arzilla, en 1471, Tanger fut cédée en 1662 aux Anglais, comme dot de Catherine de Portugal, qui épousait leur roi Charles II. L'Angleterre a commis la faute d'abandonner cette place en 1684.

28. Alcasr-kebir, par opposition au petit-alcasar (Alcasr-segher), petite ville ruinée entre Ceuta et Tanger, est située sur le Louccos, à 30 milles de la mer. Un pacha réside en cette ville, que traverse la route obligée des caravanes du Nord au Sud de l'empire. Bâtie par l'almohade Yacoub el-Mansour, à la fin du douzième siècle, Alcasar est célèbre par la bataille où périt, en 1578, don Sébastien de Portugal ; les chérifs Moulê-Abd-el-Melck et Mouleï-Mohammed perdirent la vie dans la même circonstance.

29. Ouazzan, à 20 milles au Sud d'Alcasar, est gouvernée par le chérif Hadj Móhammed ould Hadj el Arby, chef actuel des Khouan de la confrérie de Moulê Taïeb, comme il sera dit en son lieu.

30. Tétouan réunit à son pachalik les tribus El-Kmas, Beni-Hassan, Beni-Chid, Beni-Hozman, Fendaloua, Beni-Mahdan et Negro. Les consuls y ont résidé jusqu'en 1770.

31. Mequinez ou Miknas, ville de guerre de la plus haute importance, est la résidence de deux pachas, l'un pour la ville, l'autre pour la campagne. Elle fut agrandie par Moulê Ismael, qui voulait assurer la route et le repos du pays entre les deux capitales Fez et Maroc.

32. Fez ou Fâs, fondée par Edris II en 807, partage avec Maroc le titre de capitale de l'empire. Le sultan et l'héritier présomptif résident tour à tour dans l'une et l'autre de ces deux grandes villes. A Fez, il y a deux pachas, l'un pour la ville, l'autre pour la campagne. Le nouveau Fez a été bâti au treizième siècle par le mérinide Yacoub ben Abdallah.

33. Tazza, point militaire important, sur la route de Fez à Ouchda est commandée par un pacha. Elle est située sur un rocher.

34. Ouchda (Oudjda), ville forte à onze lieues seulement de Tlemcen, est aussi sous les ordres d'un pacha. On aperçoit les têtes de ses palmiers en se rendant de Tlemcen à Lalla Maghnia.

Ce tableau ne renferme pas toutes les provinces de l'empire. Il doit y avoir encore sept ou huit gouvernements de Rabat à Azemmour Chellohs et en se dirigeant vers le Sud. Nous ignorons également ceux qui sont établis entre Fez et Mequinez, et ne saurions désigner par leur nom les deux provinces entre Ouchda et Tazza. Entre Fez et Tafilet, le pays échappe encore davantage à notre observation. Tafilet sur le versant Sud de l'Atlas, est une ville habitée par les chérifs alliés à la famille impériale régnante. Ils y sont exilés par le sultan et placés sous la surveillance d'une garnison tirée de la garde noire. Le Sous dont la capitale est Taroudant, l'Oued Noun et les contrées arrosées par l'Oued-Draâ, sont de fait indépendantes du sultan ; mais elles lui envoient de temps en temps un tribut volontaire comme chef de la religion.

Le moyen le plus simple de faire connaître l'administration des villes, c'est d'en offrir une pour modèle ; car elles sont organisées à peu près sur le même type. Prenons par exemple Tétuan.

Au-dessous du pacha se trouve le hakem, commandant de place qui est chargé en outre de recouvrer le sekka ou l'achour des tribus relevant du pacha. Il verse les sommes perçues au trésor, dont le pacha est le premier amin ou administrateur. Le pacha dresse à chaque fin d'année un état des recettes et dépenses de son territoire, et envoie ces comptes à l'empereur.

Le cadi chargé de la justice et du service du culte surveille les mosquées, leur personnel, les notaires et l'administration des successions vacantes. Cette dernière a un administrateur spécial (en arabe *Bounouared*), nommé par le pacha. Le cadi rend la justice en matière criminelle, civile et commerciale. Les parties peuvent en appeler au cadi de Fez.

Un medjlès ou conseil composé de dix oulemas ou gens de loi est sous la surveillance du cadi, qui décide seul de sa convocation et nomme le président.

Tétuan renferme environ quarante mosquées. Chaque mosquée paye son personnel ; et le surplus des revenus est versé à la caisse de la Grande Mosquée. Le cadi seul touche un traitement sur le trésor impérial. Ce traitement s'élève à 38 ducats ou 78 francs 94 centimes par mois, indépendamment des actes qu'il passe et qu'il vise en prélevant un droit sur chacun. A la demande du pacha, le cadi est tenu de rendre compte de sa gestion et de son personnel.

Le mahteceb remplit des fonctions analogues à celles des maires et des commissaires de police en France. Il est chargé de surveiller les boucheries, les boulangeries, les poids et mesures, les marchands de comestibles, les essayeurs d'or et d'argent, les bijoutiers et les orfèvres, les cordonniers, les ferblantiers et en général toutes les industries. A lui de taxer le pain, la viande et les fruits. Il a plein pouvoir de punir les délits par contravention, selon les usages du pays, principalement par la bastonnade, le *matrak* étant un des pivots de l'ordre social au Maroc. Au mahteceb revient encore la police des marchés. Il y en a six grands : 1º le *Souk*, ou, selon la prononciation du Magreb extrême, le *Sok Ez-zera*, marché des grains de toutes espèces. Ils se vendent à l'*almoud*, dont la contenance est de vingt litres ; 2º le *Sok el Fham*, marché au charbon et pour le bois et la paille. On vend à la charge. 3º Le *Sok Kahha*, marché pour l'huile, le savon, le miel, le beurre, les fruits secs, etc. Il y a une mesure de 80 kilos ; mais l'huile se vend par *kolla*, mesure de 20 kilos. 4º Le *Sok El djadj*, marché aux poules, et pour les œufs, le beurre frais et le sel. On vend au détail. Le sel se vend à l'almoud ; 5º le *Sok Gourna*, marché aux bestiaux. Ordinairement le mahteceb assiste aux transactions de ce marché, afin de fixer en conséquence la taxe de la viande. Il consulte quelquefois pour cela les syndics de la corporation des bouchers, et il fait de même à l'égard des syndics de la corporation des boulangers, pour la taxe du pain. 6º Le *Sok el-Hout*, marché au poisson. Le petit se vend par livre, d'après une taxe officiele ; le gros se traite de gré à gré.

Indépendamment de ces grands marchés auxquels se rendent les gens de l'intérieur et qui se tiennent les dimanches, jeudis et vendredis, il y a de petits marchés perpétuellement ouverts dans les quartiers musulmans pour les objets de première nécessité. Enfin d'autres ont lieu la veille des fêtes de l'islam. Quant aux Juifs, on a déjà vu qu'ils sont relégués dans leur mellah et gouvernés par des rabbins ; les rabbins sont assistés par des commissaires choisis entre les Juifs les plus notables. A la porte du mellah, veille une garde maure payée par la corporation israélite. Toute denrée qui entre en ce quartier est assujétie à un droit monopolisé par l'empereur.

Les communications par lettres entre les provinces, pour le service du gouvernement et des particuliers, ont lieu au moyen de courriers qui parcourent à pied dix, douze, quinze lieues par jour, et reprennent la marche après quelques heures de sommeil sur la terre nue. Les passages les plus dangereux des routes de l'empire sont gardés, dans beaucoup de provinces, par des gens d'armes nommés *Nzeïls ;* les cavaliers et les piétons ne payent rien en passant ; mais chaque bête de somme chargée doit au poste un blanquillo ou un demi-blanquillo (4 centimes), selon que le lieu est réputé plus ou moins redoutable et selon l'éloignement des douars Les provinces pourvues de ces gardes sont responsables des crimes qui se commettent sur leur territoire : sage mesure, supprimée prématurément, croyons-nous, en Algérie et que les musulmans voyageurs doivent eux-mêmes regretter (1). Le droit de péage perçu par les Nzeïls sert à l'entretien de ces gardes et le reste forme une caisse pour les amendes et

(1) Au mois d'août dernier un marchand Maure d'Alger m'avait proposé de nous rendre ensemble à Fez par Ouchda. Il abandonna ce projet à cause du manque de sécurité ; et il m'assurait qu'à l'exemple d'autres négociants, il ne voyageait pour ainsi dire qu'au galop et discrètement dans la région de l'Algérie où s'échelonnent les postes de la troisième ligne d'occupation, Boghar, Teniet-el-Hâd, Tiaret, Frenda, Saïda, Daïa, Sebdou.

les restitutions. Si la caisse ne suffit pas, la province est
obligée de s'imposer.

On imaginerait difficilement le plaisir et le sentiment de sécurité que le voyageur éprouve en arrivant à un poste de
Nzeïls. Nous chevauchons dans un défilé profond et sombre.
La nuit descend sur les solitudes qui nous environnent de
toutes parts. L'âme s'inquiète vaguement, je ne sais de quoi.
Le bruit du serpent qui se glisse dans l'herbe, un lointain ru-
gissement de bête féroce, la chute d'une feuille, augmentent
son trouble. Haletante, elle désire la présence de l'homme et
la redoute. Là bas, au fond de cette gorge, quels sont ces
Arabes en groupe sous un olivier ? Sont-ce les brigands ?
Les fusils qui brillent, les burnous sales, les barbes incultes,
les figures qui ne disent rien de bon le feraient croire au premier instant. Rassurons-nous : car nos guides embrassent
ces Nzeïls et l'on échange des salamalecs et des ouachalecs
d'une tendresse inexprimable. Etendus sur la natte d'halfa, au
pied du tronc noueux et sous les pâles rameaux de l'antique
olivier, nous savourons la collation frugale que nous offrent
ces bonnes gens. Quel voyageur a traversé en automne les
défilés d'Aïn-Djedida, entre Tanger et Tétuan, et oublié les
paniers de roseaux où on lui présentait tant de fruits déli-
cieux ? Nulle part je n'ai vu pareille collection de raisins blancs,
noirs, jaunes, roses, violets, rouges et variés pour la forme
et le goût comme pour la couleur. C'est d'eux que Virgile disait dans ses Géorgiques :

Sed neque quàm multæ species, nec nomina quæ sint,
Est numerus.

Je me laisse entraîner par mes souvenirs. Revenons à l'administration de l'empire. Il convient de dire maintenant comment elle fonctionne. Du haut en bas, on ne trouve guères
que la cupidité, l'injustice, l'exaction, le vol. Des méfaits dignes des galères en pays chrétiens, sont comme autorisés au
Maroc, par la coutume ancienne et universelle. L'honnête
homme ici est presque un personnage de roman ; du moins

c'est le témoignage que les Marocains rendent de leurs gouverneurs en général. Un pacha honnête homme !

Rara avis in terris nigroque simillima cycno.

Son premier devoir est de s'enrichir. L'impôt fixé par l'empereur est-il de cent mille francs, le pacha double la somme et reçoit des cheïkhs deux cent mille francs. Les cheïkhs à leur tour ont augmenté de 20 ou 30 0/0 le total exigé d'eux ; en sorte qu'au lieu de 100,000 fr., le menu peuple en a payé 230,000. Il y a une sorte de convention tacite entre les déprédateurs pour étouffer sous l'amende et le bâton la plainte qui tenterait de se produire. Supposez que les réclamations arrivent au sultan, l'on y gagne rien. Le sultan fait rendre gorge dans le coffre impérial au pacha pillard, et il le remplace par un autre d'autant plus affamé qu'il n'a pas encore eu l'occasion de vivre aux dépens d'autrui. On comprend que le gouvernement se repose sur ses agents du soin de pourvoir à leur traitement. Il donne 75 fr. par mois au ministre des affaires étrangères résidant à Tanger ; le pacha de cette ville reçoit 20 ducats, 50 fr. ! C'est à peu près ce qu'il leur faut pour acheter l'eau nécessaire pendant une semaine (1).

Il est facile aux pachas de retenir une part des impôts qu'ils perçoivent en nature pour le sultan. Le beurre, les volailles, les bestiaux, le miel, les cadeaux ou *eudïa* des quatre grandes fêtes musulmanes sont entre leurs mains ; ils savent seuls ce que l'on a donné ; ils convertissent en argent ce qu'ils croient ne pouvoir expédier en nature, et ils n'envoient réellement que ce qu'ils veulent. Les amendes qu'ils infligent

(1) Dieu me garde d'incriminer les deux personnages qui jouissent actuellement de ces titres à Tanger ! Il leur est bien permis de s'oublier eux-mêmes pour ne songer qu'aux intérêts de l'Etat. Il y a sans doute aussi, en dehors du traitement fixe, quelques ressources éventuelles d'un caractère légal. Je veux dire seulement que des traitements si minimes semblent consacrer ou provoquer les exactions et les dilapidations que l'on reproche aux agents du pouvoir.

et limitent arbitrairement sont une autre source de fortune. Comme les pachas d'une province en sont presque tous originaires, ils connaissent assez bien l'avoir de leurs subordonnés et y proportionnent les peines pécuniaires dont ils les frappent à la moindre occasion. Enfin, ils exploitent une mine féconde, la nomination et la destitution des cheïkhs ou khalifas. Le cheïkh devient exacteur pour être en mesure de satisfaire l'avidité du pacha ; le pacha destitue le cheïkh, quand il le juge bien engraissé, pour le rançonner avec plus d'avantage. Les victimes se taisent. Elles seraient jetées dans une prison d'où l'on ne sort pas sans payer, ou soumises à une bastonnade que le pacha peut rendre aussi cruelle qu'il le veut, pourvu que la mort n'en résulte pas.

Les cadis ne sont pas dans une position aussi favorable que les pachas pour faire rapidement fortune. On assure toutefois qu'au Maroc aussi la justice musulmane est souvent une marchandise livrée au plus offrant et dernier enchérisseur. L'adjudication a lieu à huis-clos et à voix basse. Les *adels* ou notaires ne tiennent pas de registres ; ils écrivent les actes entre débiteurs et créanciers sur de petits carrés de papier, et les notaires signent, mais les parties ne signent jamais. Un acte qui porte la signature de deux adels est valide, ou du moins on peut en plaider la validité en justice, quoique la légalisation par le cadi soit requise pour l'entière régularité. Le témoignage des deux adels suffira, si leur honneur est d'ailleurs à l'abri d'une attaque. Or, les Marocains prétendent que ces notaires se rendent fréquemment coupables de faux. Le soi-disant créancier attend quelquefois la mort du prétendu débiteur pour faire valoir contre ses héritiers le billet acheté aux adels et dont rien ne révèle la fausseté.

Les négociants se plaignent au Maroc de beaucoup de fraude sur la qualité et la quantité des marchandises. On obtient difficilement la livraison des marchandises achetées, si une hausse intervient après l'achat. Du reste, la loi annule le contrat lorsque la variation est de plus de 25 0/0, avant l'époque déterminée pour la livraison.

Tout agio, tout intérêt si minime qu'il soit, spécifié dans un contrat le rend nul. L'emprunteur pourrait légalement retenir même le capital et le prêteur s'entendre condamner à une amende égale à la somme prêtée. Il y a des moyens d'éluder la loi. On vend par exemple un sac de métaux divers où la monnaie se trouve mêlée et l'on rédige le contrat de vente en conséquence.

Le pouvoir souverain n'exerce pas de contrôle sérieux sur les administrations, et il en résulte que les populations n'ont d'autre voie que la révolte pour porter leurs griefs jusqu'au pied du trône. C'est le sujet d'une petite guerre de quelques jours avec le pacha ; ensuite on compose et l'on arrive à un accommodement ; ou bien, comme à Casablanca en 1857, on résiste au gouverneur jusqu'à ce qu'une députation parvienne au chérif et en obtienne une parole de justice et de paix.

Après ces observations générales sur l'administration intérieure de l'empire, il est naturel de considérer en particulier le sultan et sa famille, la cour et quelques-uns des personnages qui intéressent le plus les Européens.

Moulé-Abd-er-Rahman, qui règne au Maroc depuis 1822, est âgé d'environ soixante-seize ans ; il a été proclamé l'héritier du trône par son oncle Moulé-Soliman, qui mourut à Maroc le 28 novembre de la même année. Il était à cette époque pacha de Mogador. Bien qu'il ralliât autour de lui les sujets fidèles à Soliman et les anciens partisans de son père Hecham, dont Soliman avait triomphé, il ne fut affermi et délivré des attaques de ses compétiteurs que vers 1832. La libre circulation se rétablit alors et il n'eut plus à combattre que des soulèvements partiels, comme celui qu'il réprime à cette heure du côté de Mequinez. Ils ont ordinairement pour cause les exactions des pachas et les impôts exorbitants toujours aggravés par l'insatiable avarice d'Abd-er-Rahman. Ce vice le caractérisera dans l'histoire avec le fanatisme musulman, qui l'aveugle sur les intérêts les plus graves de ses États. On ne lui reproche pas la cruauté; il s'est réservé le droit de condamner à mort et il en a usé très modérément, si on le compare aux anciens chérifs qui aimaient à se baigner dans le sang. La cruauté pourtant s'allie bien à l'avarice; mais Abd-er-Rahman dépouille ses sujets, comme le pasteur tond ses brebis, sans les tuer. Il se distingue plutôt par une politique cauteleuse que par les qualités militaires. Peu habile dans le maniement des armes, il est, dit-on, fort instruit de la loi musulmane. Soliman, le choisissant pour héritier, appréciait les dons naturels qui brillaient en lui, et il préférait ainsi son neveu aux fils qu'il avait eus d'esclaves négresses : Moulé-Ali, Moulé-Djafar et Moulé-Hassan.

Abd-er-Rahman est sobre et simple dans la vie privée, comme les avares, et comme eux il vit longtemps. On dit que, plusieurs fois la semaine, il se contente à son repas d'un pain d'orge. Il n'a pas perdu les habitudes austères autrefois contractées durant des guerres, où il n'eut pas toujours de quoi manger. Le luxe des vêtements et des armes serait d'ailleurs en opposition avec ses sentiments religieux. Mais il est trop digne chérif pour s'imposer des privations d'un certain genre, et son harem est abondamment peuplé de négresses et de mulâtresses. Il n'a eu, d'après la commune opinion, qu'une seule femme blanche, sa cousine germaine, fille de Moulé-Soliman (1). On ne sait pas combien il a d'enfants; mais on compte une soixantaine de garçons vivants. La plupart n'ont aucune importance et ne jouissent d'aucun crédit politique, bien qu'ils soient l'objet d'une vénération superstitieuse. On les envoie de tous côtés dans l'empire; ils sont fort à charge aux provinces où ils séjournent. Quant aux filles, elles méritent encore moins l'attention ; leur nombre les déprécie comme l'infériorité du sexe :

(1) Cependant plusieurs assurent que son fils aîné Mohammed est né d'une Anglaise connue sous le nom de *Ramouna*.

assueta vilescunt. Du reste, Abd-er-Rahman est loin d'égaler son trisaïeul Moulê-Ismael II qui, de ses huit mille femmes, laissa neuf cents garçons et trois cents filles. Ce nombre fut constaté par le registre des impôts dont les juifs étaient frappés à la naissance de chaque enfant du roi.

On comprend que les descendants d'Ali et de Fatma soient nombreux au Maroc. C'est une plaie du pays. Ces chérifs se croient un droit particulier d'insolence, surtout envers les juifs et les chrétiens; peu à peu les consuls réformeront ce préjugé. Ainsi, au mois de décembre dernier, un chérif s'étant permis de pénétrer dans le zaguan ou vestibule du consulat d'Espagne à Tanger. M. Blanco della Valle, nonobstant le titre dont le coupable prétendait se couvrir, obtint qu'il fût puni de la bastonnade, publiquement et en face de la maison consulaire. Les soldats du pacha tenaient déjà le bâton levé, quand M. le consul fit grâce au patient, unissant de la sorte l'humanité à la fermeté nécessaire pour maintenir l'honneur de son pavillon.

En outre, les journaux nous ont appris que M. Hadjoute Pélissier de Raynaud, élève consul de France dans la même ville, avait énergiquement réprimé depuis, la faute analogue commise par le neveu d'un chérif, dans la maison habitée par M. d'Arlach, chancelier de notre consulat. La qualité de chérif est en baisse sur le littoral depuis 1855, époque où le chargé d'affaires de France, M. Jager-Schmidt, força les autorités marocaines à mettre à mort le chérif, assassin de M. Paul Rey, négociant français. Un chérif, un saint dont les veines sont remplies du sang du Prophète, un homme sacré et inviolable, puni du dernier supplice pour s'être donné la satisfaction de tuer un chien de chrétien ! Ce fait n'avait pas de précédent au Maroc.

Abd-er-Rahman tient à conserver la paix avec l'Europe et à n'avoir que le moins de relations possibles avec les chrétiens.

Sa ligne de conduite est tracée par le fanatisme qui refuse toute concession à la civilisation européenne. S'il relègue les consuls à Tanger, s'il établit des monopoles et des prohibitions sur les articles de commerce, s'il a tenu l'échelle du tarif des douanes dans une perpétuelle mobilité, s'il est revenu sur la moindre concession de mine faite même à un musulman, s'il a laissé périr sa marine, s'il ne garantit pas la sécurité aux voyageurs, s'il tient dans la gêne l'exercice de la religion chrétienne, s'il se retire constamment avec sa cour à l'intérieur de l'empire, s'il épuise tous les moyens dilatoires avant de conclure sur les affaires les moins importantes, si ses ports sont dépourvus de quais et de débarcadères, c'est pour éloigner l'Europe, ruiner et dégoûter ses marchands ; vainement chercherez-vous à lui faire entendre raison, à lui représenter qu'il ruine son peuple, qu'en tarissant les sources de la richesse publique, il s'appauvrit lui-même ; pour toute réponse, il se met en boule comme le hérisson. L'Europe a supporté cet égoïsme de crétin. Aura-t-elle la même patience après lui ?

Sidi-Mohammed, son fils aîné, désigné pour lui succéder, a maintenant cinquante-quatre ans. C'est le seul de ses fils dont on parle, le seul qui ait un grand commandement. Il est célèbre par la défaite que le maréchal Bugeaud, lui fit essuyer sur l'Oued-Isly, le 14 août 1844. Il perdit dans cette journée sa tente et son parasol, mais non pas les allures fanfaronnes avec lesquelles il sommait les Français d'évacuer Lalla-Maghnia. Profondément vexé pourtant, il fit le vœu de laisser croître sa chevelure jusqu'au jour où il entrerait triomphalement dans Alger, et présenterait vainqueur, sa tête au rasoir du mezzine. Jusqu'à présent rien n'indique que sa chevelure participe aux propriétés de celle de Samson, et quand à la revanche, il l'aura peut-être plus tôt qu'il ne voudra.

Il passe pour bon général parmi les Arabes, et ce n'est pas beaucoup dire. Jaloux de l'organisation de nos troupes et des réguliers d'Abd-el-Kader, il a dépensé des sommes

énormes pour composer une petite armée sur ces modéles.
Il choisit dans cette vue des enfants des principales familles
en chaque ville, et leur donna un uniforme qui rappelle celui des turcos. Mais il ne réussit pas à éveiller l'esprit militaire. Sévère pour la discipline, il obtenait pourtant sous ce
rapport d'assez beaux résultats. Ce qui lui causa le plus de dé-
couragement, ce fut la dépense : soldats et officiers lui cou-
taient cher à entretenir, eux et leurs famille. Il fallait payer
régulièrement ; or, ce n'est pas dans les usages au Maroc. De
ces troupes qui étaient commandées par un officier égyptien,
il ne reste pas un millier d'hommes et une partie sont des
renégats.

Mohammed ayant sur le cœur la bataille d'Isly, les bom-
bardements de Tanger, de Salé, de Mogador et notre conquête d'Algérie, peut bien craindre la France ; mais il est
excusable de ne pas l'aimer. Ses préférences politiques sont
pour les Anglais (1), quoiqu'il n'ait pas d'antipathie pour les
Français pris individuellement. On dit qu'un de ses principaux officiers est un ex-garde du génie qui vint d'Algérie à
Larache, muni d'un congé en bonne forme et fort irrité de
passe-droits dont il croyait avoir à se plaindre. Ce pauvre
homme eut la faiblesse d'abjurer le christianisme entre les
mains du pacha Bou-Selam-ben-Ali. Celui-ci le chargea de
diriger plusieurs travaux, entr'autres la construction d'un
pont, et, content de ses services, il l'envoya près de Mohammed, qui met à profit ses talents pour s'instruire lui-même.
L'héritier présomptif d'Abd-er-Rahman est donc doublement
thaleb. Imbu des erreurs musulmanes, il est en outre initié
aux mathématiques et à l'astronomie. Le navire le *Marocain*
lui apportait récemment encore, de Marseille, des instruments de précision. C'est en soi une bonne chose que d'étudier aux astres ; mais Mohammed, au lieu de s'occuper du

---

(1) C'est d'autant plus facile à comprendre s'il a réellement eu pour mère une Anglaise.

ciel, qui marche bien sans lui, ferait mieux de penser au Maroc, qui ne marche pas du tout. Il a confié à un déserteur de la légion étrangère d'Algérie, l'inspection générale des armes.

Ses relations avec des Européens lui ont permis d'apprendre le français et l'anglais. Plus généreux que son père et plus religieux que fanatique, il semble disposé à entretenir quelques rapports avec la civilisation. Il se montre bienveillant dans la vie privée et ne dédaigne pas de manger avec des renégats. S'il est vrai que son harem ne renferme que trois femmes, il donne un exemple de modération auquel les chérifs ne nous ont point accoutumé. Son père craint tellement de le perdre et il le juge si nécessaire au repos de l'empire qu'il ne lui a pas permis de faire le pèlerinage de la Mekke.

On sait que l'un des frères de Mohammed a succombé l'année dernière en accomplissant ce pieux voyage. Il se nommait, je crois, Rechîd ; il était blanc et enfant de la fille de Moulé-Soliman, épousée par Abd-er-Rahman. C'était un homme d'une certaine capacité et qui pouvait porter ombrage à Mohammed, parce qu'il avait les sympathies des anciens partisans de son aïeul maternel. Il laisse un frère par mère, nommé Soliman, auquel on n'attribue aucune ambition, mais qui a été élevé par le caïd el-Arbi de Casa-Blanca, réputé saint et thaleb à très haut degré. Le *Vultur* a ramené le 5 octobre dernier à Tanger, les frères de Rechîd qui étaient allés à la Mekke avec lui : l'Angleterre ne perd pas une occasion d'étendre et d'affermir son influence politique au Maroc. Tanger fut enveloppé du nuage de fumée que les canons de la frégate vomirent en l'honneur de ces barbares.

Les principaux officiers de la cour remplissent des fonctions dont le titre même indique l'objet. Le *moul-el-mechouar* ou maître de la salle d'audience est l'introducteur des étrangers. Le *moula laï* ou maître du thé, est chargé de déguster les divers aliments et les boissons que l'on sert au sultan. Le *moul'm'kahala* ou maître du fusil, a les armes personnelles de l'empereur dans ses attributions et les porte à côté de lui. Le *moul'-el-mdol* ou maître du parasol, ombrage la tête du chérif avec ce signe du commandement. On peut voir à Paris celui qui a été pris à Isly et qui avait été fabriqué au faubourg Saint-Antoine. Le *moul'-outad* ou maître des pieux, reste à la porte de la tente de l'empereur en voyage. Le *moul'-roua* ou maître des écuries a soin des chevaux de Sa Majesté. Le gardien des écuries est présentement un négro marocain. On confie généralement ces charges qui touchent de si près à la personne du sultan, aux familles les plus anciennes et les plus sûres du makhzen. Au-dessus des officiers de la cour se trouve le vizir, ministre de l'intérieur, ou plutôt unique ministre de l'empereur pour tout ce qui ne regarde pas les affaires avec l'Europe.

Le vizir actuel est Si-Mohammed Safar, de Tétuan. Il a succédé à El-Moktar, suivant lequel la langue a été donnée à l'homme pour dire le contraire de la pensée. Les diplomates se rencontrent ; mais ceux du Maroc sont plus forts et ils ne se contentent pas d'un simple déguisement de la pensée sous la phrase : ils mentent carrément.

Si Mohammed Safar a de grandes attributions. Il dirige l'administration des pachas et nomme, avec l'approbation du sultan, les gouverneurs des provinces et les proposés aux douanes. Nul ne peut être présenté au sultan ou lui faire parvenir une dépêche sans l'intermédiaire du vizir. Par le vizir, le sultan manifeste ses volontés ; car il ne répond jamais directement à personne ni par écrit ni de vive voix, fût-on présent à l'audience.

A l'audience, le vizir s'approche du chérif ; il a les manches larges et retroussées ; il est sans armes et ne tient que de l'encre et une plume. L'empereur parle ; le vizir note rapidement ses ordres sur la paume et sur le dos de la main ; sur le bras, si la main ne suffit pas. Safar écrit fort bien. Il a été secrétaire du vizir El-F'ki-ben-Dris, le plus ha-

bile qu'ait en Abd-er-Rahman et qui joua un rôle très important de 1830 à 1852, époque de sa mort. Voici comment
Abd-er-Rahman, à ce que l'on raconte, s'assura de l'aptitude
de Safar. Il le fait venir et lui donne précipitamment des ordres compliqués à répartir entre les khodjas ; un instant
après, il le rappelle et l'interroge sur les ordres qu'il a reçus.
Safar les répète exactement, avec aisance et clarté. Trois
fois il est soumis à cette épreuve ; il s'en tire trois fois avec
le même bonheur ; il fut ensuite investi de la charge de vizir
(à la lettre, porte-faix du gouvernement). On sourit ; mais
combien de minstres en Europe sont parvenus au portefeuille
à meilleur marché !

Safar est thaleb. Il a voyagé autrefois en Europe pour le
commerce auquel il se livrait. Notons en passant que la qualité de marchand ne diminue pas la considération au Maroc,
comme en Algérie, aux yeux des indigènes. Cela tient sans
doute à ce que l'élément bédouin ou nomade n'a pas la même importance à l'Ouest de la Moulouïa. Les Maures, au
contraire, s'y comptent par millions, et, indépendamment des
souvenirs de gloire qu'ils ont conservés, ils tiennent encore
dans leurs mains les ressources du commerce et de l'industrie. Les voyages de Safar l'ont incliné vers les idées européennes en matière de commerce ; mais il les cache par pru-
dence, et il a d'ailleurs une raison puissante d'aimer les monopoles dans les cadeaux qu'il reçoit de ceux qui les obtiennent.

Il y a aussi au Maroc une espèce d e ministre des affaire-
étrangères, en résidence à Tanger. Abd-er-Rahman a voulu
s'épargner l'ennui d'entretenir des rapports directs avec les
gouvernements européens, et il s'en remet à ce ministre pour
ce qui touche aux affaires avec la chrétienté. La France a eu
souvent l'occasion de se plaindre que les messages confiés aux
autorités de Tanger n'étaient pas fidèlement transmis à l'empereur où qu'ils étaient préalablement communiqués aux représentants d'autres puissances, dont les intérêts au Maroc ne sont pas
toujours conformes aux nôtres ; elle a énergiquement exigé

5

et par là même obtenu que les rapports directs fussent réta-
blis entre le consul général et le sultan. Il en est probablement ainsi, du moins pour les questions importantes. Néanmoins, il paraît qu'Abd-er-Rahman est tenu dans une grande
ignorance de ce qui se passe en Europe, et que son ministre
des affaires étrangères, Mohammed Khatib, est l'oracle qui
dicte ses décisions. Il n'est donc pas sans intérêt de connaître ce dernier personnage.

Khatib est un ancien épicier de Tétuan. Il avait une paco-
tille à Gibraltar. Il épousa une riche veuve d'un marchand de Tétuan et fut nommé administrateur des douanes de Tanger. Alors il se trouva en relations avec l'ancien
ministre des affaires étrangères, Sidi bou - Selam - ben -
Ali et rendit des services que le sultan reconnut à la mort
de Sidi bou-Selam, en lui confiant la charge du défunt.
L'impression que je conserve de Khatib pour le peu de
temps qu'il m'a été donné de l'observer, me porte à le re-
garder comme un musulman fanatique, roué dans les petites affaires et diplomate de l'école du vizir El-Moktar. Il
a des manières distinguées et reçoit avec une certaine politesse. Sa fortune est énorme ; et comme il n'a pas d'enfant,
elle ira pour le quart à son neveu et pour le reste au sultan,
si toutefois le sultan ne prend pas tout.

Malgré la connaissance qu'il a pu acquérir de l'Europe,
soit à Gibraltar, soit à Gênes, où il a fait du commerce assez
longtemps pour apprendre l'italien, Khatib suit les errements
d'Abd-er-Rahman, et il voudrait isoler le plus possible son
pays de la chrétienté. Il est inspiré par le fanatisme, par le
désir de conserver plus sûrement sa place en pensant comme
le maître et par la crainte d'avoir à traiter de graves et nombreuses affaires. Esprit étroit, il serait nul si les circonstances devenaient difficiles. C'est l'homme qui convenait à M.
Drummond-Hay ; il nage à merveille dans les eaux de la politique anglaise et ne se permet rien sans consulter cet habile représentant de la Grande-Bretagne.

Je ne vois pas d'utilité à parler de personnages d'une importance secondaire, comme les pachas de Tanger et de Tétuan. Ce dernier, Hadj-Mohammed-Haddad, est une masse charnue et repoussante ; à la partie supérieure reluisent deux yeux gris. On a généralement à se plaindre de la grossièreté de ce fonctionnaire envers les étrangers ; et comme Tétuan est une des villes du Maroc que l'on peut aisément visiter, MM. les consuls rendraient service à leurs nationaux en y faisant placer un gouverneur mieux élevé. On est exposé à se trouver dans la nécessité d'avoir recours à lui.

Le 21 octobre 1858, au coucher du soleil, est mort, à Fez, un homme qui lègue un nom à l'histoire du Maroc : Hadj-Mohammed-ben-Abou-ben-Abd-el-Melek. Il convient d'autant mieux de lui consacrer un souvenir qu'il laisse trois fils dont le cœur doit être acquis à la France. La famille de Ben-Abou est originaire du Rif, de la tribu de Temsamam. Sa naissance lui assurait en quelque sorte le titre de pacha, possédé de longue date par ses ancêtres ; mais il l'eût conquis par sa valeur personnelle. Né à Tanger en 1798, il attira, bien jeune encore, l'attention de Moulé-Soliman, le prédécesseur d'Abder-Rahman, et il fut nommé gouverneur de Tanger, à une époque où cette ville était en révolution. Il la maintint cinq ans dans le devoir. En 1821, il prit parti pour Moulé-Ibrahim, fils de Moulé-Yezid, qui régna au Maroc de 1789 à 1792. Ibrahim était considéré par une partie des Maures et la presque totalité des Chellohs comme ayant plus de droits au trône que son oncle Soliman. Appuyé par Sidi-el-Arbi, le grand chérif de Ouezzan, et par Sidi-Ahmed-el-Louckhi, chef des Chellohs, il sortit de Fez, envahit le Gharb et, maître d'Alcazar, de Larache, de Tanger et de Tétuan, se fit proclamer empereur dans cette dernière ville, au mois de janvier ou de février 1821. Ben-Abou suivait la bannière d'Ibrahim qui, bientôt, mourut à Tétuan, laissant à son fils Moulé-Saïd le soin de continuer la lutte. Soliman poursuivit Moulé-Saïd, le fit prisonnier dans le vieux Fez et l'exila au

Tafilet; mais il mourut lui-même en 1822, après avoir choisi pour successeur son neveu Abd-er-Rahman. Ben-Abou se déclara partisan du nouveau chérif, et il contribua puissamment à consolider son trône encore chancelant. Durant trente années, il fut employé à comprimer de tous côtés les révoltes. Général d'avant-garde, à la tête du contingent des Rifains, il déploya un courage, une audace à toute épreuve, et l'empereur, en certaine rencontre, lui dut la vie. Sans préjudice de son titre de général, il fut nommé à divers gouvernements. Caïd du Rif en 1842, il se trouve à Tanger à l'époque du bombardement de 1844. La ville est abandonnée ; il en prend de lui-même le commandement avec ses Rifains, et il arrête le pillage des propriétés européennes.

Le prince de Joinville, à la signature de la paix, reconnut sa belle conduite en lui offrant une paire de pistolets. L'Angleterre n'a point pardonné à Ben-Abou un présent si noblement mérité, ni ses inclinations pour la France.

De 1845 à 1853, il fut caïd du Rif et khalifa de sid Bou-Selam à Tanger. Sur la fin de 1853 et à la mort de Bou-Selam, il reçut les titres de caïd de la province de Tanger et de pacha du Rif. Cette position lui fut conservée jusqu'au mois de septembre 1857. A cette époque, il se rendit à Fez où il remit au sultan les contributions de la province. Mais tandis qu'il célébrait paisiblement les fêtes de Mouloud, il fut arrêté à l'improviste et destitué, sans qu'on ait jamais pu savoir au juste les motifs de cette disgrâce. Peut-être M. le consul d'Angleterre serait-il à même de fournir à cet égard quelques renseignements ?..

Abd-er-Rahman n'a pas osé sans doute mettre à mort Ben-Abou, dans la crainte de soulever le Rif. Malgré son avarice inextinguible, il n'a pas même été jusqu'à la confiscation de ses biens, et il a jugé prudent de lui imposer seulement une amende de 30 à 40,000 piastres, sans toucher à la maison de famille, où est sans doute cachée, selon l'usage du pays, la fortune du pacha.

Pour s'assurer du payement de l'amende, il s'empara des autres propriétés de Ben-Abou, plusieurs maisons à Tanger, un jardin et un fondouk. L'amende est une peine commune et arbitraire qui ne devait pas faire sensation dans le Rif. Il est possible pourtant que les Rifains gardent quelque rancune de la manière dont leur ancien chef a été traité. Il ne faudrait pas être surpris, par exemple, s'ils n'obtempéraient pas à l'ordre impérial de rendre à l'Espagne le lieutenant Alvarez, les autres prisonniers et les barques réclamées dernièrement avec l'appui d'une escadre (1). Ben-Abou est resté treize mois en prison, dans la maison d'un des hauts fonctionnaires du sultan, chez le caïd de Fez, Ez-Zemrani, si nos renseignements sont exacts. On raconte qu'au début de son arrestation, il s'emporta violemment contre Abd-er-Rhaman sans redouter les conséquences qu'une parole imprudente pourrait entraîner. L'empereur en fut informé, et pour calmer le captif, il prescrivit de lui restituer sa cave ; il ne voulait pas trop contrarier ses habitudes et lui laissait la faculté de noyer son chagrin et d'éteindre sa colère dans les boissons alcooliques.

M. D'Arlach a tracé, dans une brochure publiée en 1856, un portrait bien sévère de Ben-Abou, et il lui reproche rudement de s'abrutir par l'ivresse. Mais il convient que ce pacha sut établir la sécurité et rendre les crimes et les délits fort rares dans toute l'étendue de son gouvernement. Le seul nom de Ben-Abou inspirait, il est vrai, la terreur. Est-il un autre sentiment à l'aide duquel on puisse dominer des barbares comme ceux du Maroc ?

Depuis quelques jours Ben-Abou avait payé l'amende et il

_____

(1) J'écris ceci à la date du 12 février 1859, et les journaux espagnols ne nous ont point encore appris qu'Abd-er-Rahman ait achevé de remplir ses engagements envers l'Espagne pour les affaires de Melilla. Il a envoyé dans le Rif une députation qui a dû prendre des airs suppliants plutôt que des formes impératives.

était mis en liberté. Il se préparait à retourner à Tanger, lorsqu'il fut saisi d'un grand froid aux jambes et de violentes douleurs d'entrailles (?). Il mourut presque subitement. C'était, comme je l'ai dit, le premier mouloud 1275 ; et il fut enterré sans retard. Il laisse trois fils ; l'aîné Hadj Hamed Chebely et le cadet Hadj Abdallah ont assisté leur père à ses derniers moments ; le troisième, Mohammed Fatmi, se trouve à Tanger. Il laisse de plus trois filles, dont une est mariée. Le sultan a nommé Hadj Hamed , caïd de sa garde , titre qui répond à peu près au titre de lieutenant-colonel. Les fils de Ben Abou sont tholbas ; leur père avait obtenu de les faire élever par un Français ; ils parlent l'espagnol, et l'aîné connaît un peu notre langue. Sous le rapport du courage, ils ont fait leurs preuves dans des expéditions contre les Chelloh et les Beni Guerfi. Quant au pacha de Tanger , successeur de Ben Abou, s'il est loin de l'égaler en influence sur le pays, il ne lui cède guères dans l'art de la flatterie et des phrases mielleuses. Nul n'ignore l'habileté des Arabes en ce genre. Comme la panthère, ils ont la griffe meurtrière mais rétractile et enveloppée de velours.

Le 22 novembre dernier une trentaine d'officiers de l'escadre espagnole firent une visite au gouverneur de Tanger. Plusieurs ne purent entrer dans l'étroite chambre où eut lieu la réception. Le pacha les consola en leur disant, à eux qui étaient dans la disposition de bombarder tout-à-l'heure sa casbah : « Le jour de votre visite est le plus beau jour de ma vie ! *Es el dia mas feliz de mi vida, por la visita que recibo de ustedes !* » Ces messieurs de s'incliner à un tel compliment. « Ce n'est pas un compliment, dit le comédien, en posant sur sa poitrine ses mains entourées d'un rosaire, c'est l'expression d'un sentiment enraciné dans mon cœur : *No es tal, sino solo la espresion de un sentimento arraigado en mi corazon !* » Nouvelle et plus profonde inclination. Ces messieurs se retiraient enchantés quand leur arriva cette dernière parole : « Espagnols et Maures nous sommes frères ! *La san-*

gre mora y espanola es la misma ». Qui aurait le courage de canonner un pacha si aimable ?

Terminons cette galerie de portraits marocains, qui est aussi une étude de mœurs, par le chérif d'Ouazzan, chef de la confrérie de Moulé-Taïeb. Ce chérif, Hadj-Mohammed, est le fils du fameux Sidi-el-Arbi ; son influence dans l'empire contre-balancerait celle du sultan lui-même, s'ils se faisaient opposition. Descendant du Prophète, il en est, par le nombre des générations, plus rapproché qu'Abd-er-Rahman, placé au trente-sixième échelon de cette généalogie sacrée. Il n'y a donc pas de plus grand saint au Maroc, en attachant à ce titre la signification musulmane. La sainteté ici est physique, héréditaire et transmissible ; elle réside dans le sang et ne préjuge rien sur le caractère moral de celui qui en est doué de par ses ancêtres. Quelle que soit sa valeur propre et personnelle, il est saint et puissant comme eux ; il reçoit d'Allah les mêmes dons surnaturels, le privilége d'opérer des miracles et de répandre les plus efficaces bénédictions.

Le chérif de Ouazzan est un jeune homme qui n'a guère plus d'une vingtaine d'années. Il est mulâtre ou quarteron, doux, jovial quand il n'est pas obligé de *poser*, ami secret des Européens et surtout des Français. Il a fait, comme on sait, le pélerinage de la Mekke et c'est un de nos navires qui l'a transporté par Marseille. J'ai vu son portrait fait au daguerréotype ; il l'a donné lui-même à la personne qui me l'a communiqué. Sa physionomie est morne, flasque et n'annonce aucune supériorité. Il y a eu parmi ses aïeux des mulâtres comme lui, mais pas de noirs ; son père et son grand-père étaient blancs.

La petite ville de Ouazzan, où il réside, est située entre Fez et Tanger. Elle doit toute son importance à la présence du chérif et à la zaouia de Moulé-Taïeb, dont il est le chef et que l'on nomme, depuis la mort de son père, zaouia de Sidi-El-Arbi. De cette zaouia, mère et maîtresse, relèvent par

tout l'empire des établissements de même nature et des chapelles, auxquels se rattachent les khouans de la confrérie.
Ces divers établissements ont des revenus considérables,
dont une partie sert à leur entretien ; le surplus est envoyé
à Ouazzan, où affluent chaque jour les pélerins et les offrandes. Le chérif est excessivement riche ; mais il est généreux ; il nourrit tous ces pélerins qui arrivent par bandes,
précédés du drapeau jaune, rouge et vert, et en marmottant
l'oraison jaculatoire : « O Dieu ! la prière et le salut sur notre seigneur Mohammed et sur lui et ses compagnons ; et
salut ! » Tout frère est tenu de la réciter deux cents fois par
jour.

Que veulent ces gens ? Recevoir la bénédiction du chérif,
toucher la frange de son vêtement, baiser la trace de ses pas.
Ils veulent la prospérité de leurs affaires, une guérison mira-
culeuse, une satisfaction au sentiment religieux, vague mais
exalté, qui les dévore comme une soif, ou les fatigue comme
un prurit aigu. On ne croirait pas, dans notre société refroi-
pie à l'excès par le positivisme, aux scènes qui se passent à
Ouazzan. Quel prestige comparable à celui que Sidi-el-Arbi
exerçait sur les foules ? Cet homme d'une obésité monstrueu-
se, était porté par huit mules dociles, dans une litière cou-
verte d'un ombrello qui devenait la nuit tente de campagne.
Or, il n'était pas rare que huit ou dix mille personnes se
précipitassent à sa rencontre. Quand on ne pouvait baiser
sa robe ou la litière, on baisait la corde des mules. Des
mains du chérif partaient de longs cordons qui se déroulaient
à travers les rangs pressés de la multitude, et chacun, après
avoir imprimé ses lèvres sur cet objet béni, déposait son offrande au chouari (panier) des mules, conduites par des collec-
teurs attitrés. Ceux-là seuls qui pouvaient offrir au moins une
centaine de piastres aspiraient au bonheur de baiser la main
sacro-sainte du chérif, et c'était presqu'une folie d'ambi-
tionner la *baraka* ou l'imposition des mains pour la bénédiction patriarcale ; tant une pareille faveur est inappréciable !

A n'envisager que les phénomènes extérieurs par lesquels se manifeste la vivacité du sentiment religieux, l'on trouverait plus d'un rapprochement à faire entre ces scènes là et d'autres dont l'histoire de l'église catholique a recueilli le souvenir ; de même, il y a souvent de l'analogie entre les faits miraculeux de l'histoire des saints et ceux qui entrent dans les fabuleuses légendes des santons arabes. Ainsi encore entre les miracles de Moïse et les prestiges des magiciens de Pharaon ; entre les rites de la liturgie, les observances disciplinaires du catholicisme et ceux du mahométisme. Le diable est le singe de Dieu, comme le dit saint Augustin. Mais l'observation, la critique, la raison ne nous laissent pas confondre la fable avec l'histoire, l'apparence avec la réalité, les signes et les pratiques extérieures avec les doctrines profondément différentes dont elles sont l'expression. La religion catholique ne repousse ni ne détruit la nature, elle la règle, l'élève et la perfectionne. Toutes les analogies que nous découvrons entre le catholicisme et les autres religions viennent de cette double source : ou bien elles sont un plagiat du diable, ou elles résultent de ce que la vraie religion répond aux tendances naturelles et aux indestructibles instincts de l'humanité, sauf à en empêcher la corruption ou la déviation.

Le fils de Sidi el Arbi n'a qu'un enfant mâle, malingre et scrofuleux ; si toutefois je ne me trompe en traduisant le mot mord-el-kebir, par lequel on désigne sa principale infirmité. La mère de ce triste rejeton ne consent pas à le présenter au thebib chrétien de Tanger. Peut-être ne convient-il pas d'invoquer un tel secours pour celui que le prophète doit garder comme la prunelle de son œil. C'est une affaire de conscience.

Les détails qu'on vient de lire sur le chérif d'Ouazzan justifient l'opinion commune que l'on a sur ses trésors. On les croit immenses et ils seraient, à l'occasion, entre les mains du chérif, un puissant moyen d'action. Il peut disposer en un clin d'œil d'une nombreuse cavalerie et le noyau qui sor-

tirait d'Ouazzan ferait boule de neige dans l'empire. Il possède des munitions d'artillerie et deux pièces de campagne qui
se transportent à dos de mule et reçoivent une livre de balles.
C'est peu de chose pour nous, mais c'est assez pour effrayer
des Marocains peu accoutumés aux moyens de guerre que
l'on déploie en Europe.

Quelles sont donc au Maroc les forces militaires ?

L'armée régulière dont Moulé Mohammed, l'héritier présomptif du trône, a tenté la création, n'est qu'un essai avorté
sur lequel nous n'avons pas à revenir. Elle porte le nom de
Nicham ou ordre nouveau, mais elle ne paraît point appelée
à réaliser les espérances que son auteur en avait conçues.

Les *Bokhari* ou gardes noirs du sultan forment la partie
principale des troupes régulières de l'empire. Ils sont au
nombre de vingt ou vingt-cinq mille, et leur quartier-géné-
ral se trouve à Mequinez. Cette garde a été fondée par Moulé
Ismael vers 1692 ; ce sont les janissaires et les mamelouks
du Maroc. La pensée qui a présidé à leur formation est née
de l'extrême difficulté qu'ont toujours éprouvée les chérifs à
gouverner les turbulentes tribus des Berbères. Moulé Ismael
a voulu avoir des hommes sûrs, dévoués à sa personne, et
dont les intérêts, totalement séparés de ceux de ses autres
sujets, s'identifiassent complétement avec ceux du sultan lui-
même. Il réunit les négros épars sur son territoire et que son
prédécesseur Moulé Archi, Axi ou Er Rechid, y avait introduits
en grand nombre ; il les enrégimenta, les exerça au maniement des armes et composa ainsi un corps de cavalerie redoutable aux tribus rebelles. Voués au métier de la guerre,
naturellement féroces, exaltés encore par le mahométisme
dont ils sont imbus et qui leur montre Mahomet se survivant
dans la personne des chérifs ; ces Noirs constituent vraiment
une force imposante au milieu de populations qui n'ont aucune notion de stratégie. Mais plus exercés à la fantaisia
qu'aux manœuvres sérieuses, ils seraient bien au-dessous de
leur réputation s'ils avaient à se mesurer avec des troupes

comme les nôtres. Ceux qui figurèrent à la bataille d'Isly ne manquaient pas d'audace ; quelle impuissance, pourtant, devant le losange de la petite armée du maréchal Bugeaud.

J'ai recueilli au Maroc, sur l'origine de la garde noire, une légende assez curieuse qu'il n'est pas difficile de mettre en rapport avec l'histoire. « Les Abid Oulad Bokhari, disent les Marocains, ont emprunté leur nom à un chérif indien appelé Bokhara et qui était secrétaire d'un sultan du Maroc. C'était peu après l'expulsion des Maures d'Espagne. Le sultan voulut faire la guerre au Tombouctou, et il se mit en marche accompagné du marabout Sidi Bokhara. L'armée souffrit beaucoup durant le voyage à travers le désert. Elle était si faible en approchant de la capitale des Nègres qu'elle ne pouvait pas manquer d'être taillée en pièces. Sidi Bokhara eut la présence d'esprit de suggérer au sultan un échappatoire très simple et qui lui réussit à merveille. Le sultan annonça au roi de Tombouctou qu'il désirait s'unir avec lui d'une étroite amitié, et qu'il venait lui demander sa fille en mariage. Le négro charmé de cette visite inattendue et dont l'amour seul avait pu faire braver les fatigues, accorda sa fille sans difficulté. Il remit en présent et pour la dot à son gendre, une foule d'esclaves nègres et négresses que le sultan, par reconnaissance, donna ensuite à l'ingénieux marabout. Sidi Bokhara les affranchit à la condition qu'ils serviraient le sultan. Les Nègres et les soldats marocains échappés aux périls du voyage épousèrent donc les Négresses, et ils formèrent, comme leurs descendants la forment encore, cette garde noire dont Sidi Bokhara est resté le patron. »

Sans rechercher les inexactitudes de détails que peut renfermer cette légende, elle se rapporte évidemment à l'expédition dirigée en 1690 contre Tombouctou, par Moulé Ismaël. Il s'empara de cette ville et mit en communications commerciales le Maroc avec le Niger. Les circonstances rendaient facile alors la création de la garde noire. Son patron est, comme l'on croit, le célèbre théologien musulman Bokhari qui, au troisième siècle de l'hégire, inséra dans son recueil exact, *El Djami el Sahih*, seize mille traditions primitives du mahométisme, traditions d'autant plus authentiques que leur insertion fut toujours précédée d'un ablution au puits de Zemzem.

La garde se recrute aussi parmi les esclaves nègres que les sultans affranchissent et parmi ceux que les caravanes amènent du Soudan. Plusieurs de ces derniers appartiennent à l'empereur, qui les retient comme paiement de la douane.

Il y a au Maroc, en troisième lieu, des *colonies militaires* composées de familles enregistrées et dont les enfants mâles servent de père en fils. La solde est de 30 onces par mois pour les cavaliers, et de 15 onces pour les fantassins : 30 onces valent aujourd'hui environ 7 fr. 50 cent. Outre cette solde ou *rateb*, irrégulièrement payée, des avantages considérables sont garantis à la famille militaire ; elle est exempte d'impôts et possède des terres suffisantes pour son entretien. La solde du fils, jusqu'à l'âge de seize ans, s'élève à la moitié de celle du père ; elle est la même quand le jeune homme est en état de porter le fusil. Les immeubles de la famille sont inaliénables et le gouvernement ne peut les saisir, tant que subsiste la progéniture mâle. A Mogador, les deux tiers de la population musulmane appartiennent à ce makhzen ; il entre pour moitié dans celle de Safi et compose presqu'entièrement celle de Casa-Blanca. Temara, entre Casa-Blanca et Rbat, n'est qu'une colonie militaire. Ces mekhazenis forment la garnison des ports de mer et ils se distinguent par le bonnet rouge pointu, surmonté d'une petite houpe bleue ; ils sont janissaires ou chaouchs des consulats. Ceux de Tanger viennent du Rif. A Rbat et à Maroc ils appartiennent à la race belliqueuse des Oudâia, du pays de Fez. Abd er-Rahman, inquiété par l'esprit remuant de cette tribu El-oud-Dihi, ne put l'affaiblir qu'en la divisant ; il en envoya diverses fractions à Maroc, à Rbat, à Casa-Blanca et repeupla les environs de Fez avec des gens tirés de ces dernières villes. Mais il tolère à Fez les principaux de la famille, parce qu'elle est un

rameau du grand arbre des chérifs. Son chef actuel est Sidi
Allal, qui fut proclamé sultan il y a une vingtaine d'années.
Il ne régna qu'un mois, car Abd er-Rahman réussit à gagner
à prix d'argent les populations qui avaient acclamé spontané-
ment son rival. Sidi Allal en fut quitte pour être relégué à
Mogador. Il n'avait provoqué par aucune intrigue son élévation à la souveraine puissance et, comme son caractère lui
conciliait d'ailleurs la multitude, on jugea prudent de ne pas
être plus rigoureux à son égard. A l'époque du bombardement de Mogador, il se sauva à la nage de l'île où les troupes
débarquées, sous la conduite du capitaine de corvette Duques-
ne, firent un terrible massacre. Sidi Allal grâcié par le sultan,
redevint habitant de Fez.

La quatrième partie et la plus nombreuse des forces militaires du Maroc embrasse les contingents des provinces qui
se lèvent à l'appel des pachas. De seize ans à soixante, tous
les hommes peuvent prendre les armes. Tout Marocain possède au moins un fusil et un poignard. Le gouvernement ne
fournit que la poudre et le plomb. Les provinces sont tenues
de procurer de quoi vivre aux troupes qui traversent leur
territoire. Cet impôt de la *mouna* est fort à charge aux
ksours et aux douars ; on y voit d'un mauvais œil arriver les
soldats et l'on se dit aussi pauvre que possible, sûr que l'on
est d'être mis forcément à une large contribution. La cavalerie de ce makhzen l'emporterait en nombre sur l'infanterie ;
le culte du cheval règne au Maroc comme en général dans
les pays musulmans. Ce noble animal y est plus vigoureux et
de plus haute taille qu'en Algérie. Quatre à cinq litres d'orge et cinq ou six kilogrammes de paille suffisent pour 24
heures à sa sobriété. Lorsqu'Abd er-Rahman, en 1846, alla
soumettre le Doukkala révolté depuis le bombardement de
Mogador il avait, autant que les témoins oculaires ont pu en
juger, 30,000 chevaux et 10,000 fantassins. A Isly, on comptait environ 25,000 cavaliers et 11 pièces de canon qui n'eurent
pas le temps de faire plus d'une décharge. On voit par ces

chiffres quelle peut être la composition d'une grande armée
marocaine. Ses éléments sont combinés dans une mauvaise
proportion, mal constitués, sans unité. La vaincre ne serait
jamais qu'un jeu pour nous en rase campagne.

L'artillerie enfin consiste, à l'intérieur du pays, en trois
batteries de pièces de campagnes, manœuvrées principalement par des renégats espagnols. Ils ont plus d'a-
dresse que d'instruction, mais jouissent d'une haute réputation dans cette armée barbare. Ils sont exactement
payés, sans doute parce que leur service est considéré comme d'une valeur hors ligne. On trouve dans les villes des
artilleurs musulmans, dépourvus de science théorique et même
me pratique. On ne les exerce point, afin d'épargner la poudre ! Ce n'est pas que les canons manquent ; il y en a une
multitude en bronze, en fer et en fonte dans les ports de
mer. Mais ils ne sont ni montés, ni entretenus. On les voit
abandonnés çà et là et à demi enterrés dans le sable. Tout
se meurt au Maroc, l'armée comme le reste. Cet automne,
Hadj-el-Arbi-el-Attar (ou le marchand d'essences), un riche
négociant, directeur de l'artillerie de Tétuan, est parti pour
l'Angleterre avec 500,000 francs et des lettres de recom-
mandation de M. Drumond-Hay, afin d'acheter des armes et
des provisions d'artillerie. La *Espana*, d'après une lettre
de Tanger, du 4 février, nous parlait ces jours-ci d'un envoyé marocain qui allait à Londres chargé d'une semblable
commande de 400,000 francs. Je ne sais si les deux nouvelles
doivent se confondre. Quoi qu'il en soit, notons que les munitions de guerre importées au Maroc viennent exclusivement
d'Angleterre. Notre alliée en fait un de ses grands moyens
d'influence auprès d'Abd-er-Rahman. Le procès encore pendant entre lui et l'Espagne a pu déterminer les acquisitions
dont je viens de parler.

Sidi-Mohammed, père et prédécesseur de Moulé Yezid,
avait appelé de Constantinople, et des fondeurs et des ca-
nonniers pour établir des fonderies dans l'empire ; mais tout

se borna à une fabrique de bombes qui ne fut pas longtemps
en activité, à Tétuan. Le Maroc est mieux pourvu quant à la
fabrication des autres armes. Les fusils viennent de Tétuan
pour la plupart. C'est chose curieuse à observer que le
travail des armuriers. Avec peu d'outils et des moyens tout
primitifs, ils obtiennent des produits remarquables : c'est
la vieille industrie andalouse, d'autant plus habile dans
l'emploi de ses procédés qu'elle n'y apporte aucune modifi-
cation et demeure stationnaire. Les Marocains ne se servent
guères du pistolet ; leur fusil est long et porterait assez bien
s'ils n'usaient de balles d'un trop petit calibre. Il les font pénétrer dans le canon entourées d'un peu de laine ou de *lifa*,
chanvre du palmier nain. La crosse est courte, maigre, et
l'épaulement en ivoire. On lit sur le canon, fixé par des anneaux de cuivre ou d'un argent impur, des sentences du Coran. Les lames des sabres et des poignards portent fréquemment aussi des inscriptions gravées auprès de la poignée.
J'ai remarqué parfois que l'écriture maugrebine était seulement imitée au moyen de traits et de hachures qui ne sauraient avoir une signification.

Les armes blanches se fabriquent surtout à Fez et à Mequinez. On reconnaît l'imitation des vieilles lames de Tolède, qui
ne sont point rares au Maroc. La poignée droite et courte
laisse à peine une entrée suffisante à la main ; elle est mon-
tée quelquefois en corne de rhinocéros. Le fourreau en bois,
doublé de cuir rouge est fortifié à la pointe par une feuille de
cuivre jaune. On trouve aussi des fourreaux revêtus de cuivre ouvragé ; mais il est rare qu'on y voie briller l'or ou l'argent.

Outre le sabre et le fusil, les Marocains portent encore le
poignard droit et le poignard à lame courbe, dit poignard du
Sous. Il y aura plutôt du luxe dans ce dernier ; car les habitants du Sous n'observent pas scrupuleusement les lois religieuses. C'est effectivement au nom des réglements malékites
que les armes luxueuses sont défendues. On peut consulter

la-dessus Sidi-Khelil, dont les confréries exagèrent encore les rigueurs ; Sidi-Khelil apporte à la loi un certain tempérament : « Il est permis, dit-il, de parer d'or et d'argent la garde et le fourreau d'un sabre ; car le sabre est la première et la plus noble des armes. » (Traduct. de M. Perron, I, 19). Les gens du Sous, excellents tireurs, accordent même ces ornements au fusil. La prohibition religieuse que je signale se rattache à un ensemble disciplinaire dont le but est de prévenir les excès du luxe et de la vanité, du moins chez les hommes. Un pieux Marocain ne se vêtira ni d'or ni d'argent ; à peine se permettra-t-il la soie. Pour la prière, il ôtera tout vêtement qui serait brodé de ces métaux précieux ; il quittera même sa montre, si elle est d'une semblable matière. Le législateur dispense la femme de ces sacrifices, soit qu'il les juge au-dessus de ses forces, soit qu'il veuille adoucir par là le triste lot qui lui est départi dans la société musulmane.

L'Angleterre a trouvé le moyen de placer au Maroc ses usils à pierre et de rebut. Je connais des juifs qui ont essayé d'introduire par contrebande des fusils de Liége, imitant la forme de ceux du pays. L'entreprise a échoué, non pas à la douane, mais au jugement des acheteurs qui n'y reconnurent pas leur avantage.

Le gouvernement possède des fabriques de poudre à Maroc et à Fez ; mais il en tolère partout la fabrication et la vente. Deux industriels s'y livrent actuellement à Tanger. La poudre est d'une médiocre qualité. Le gouvernement n'a pas à proprement parler d'arsenaux et il possède peu d'armes de rechange, parce qu'il ne fournit pas les armes aux troupes, si ce n'est dans des cas exceptionnels ; mais il est abondamment approvisionné de poudre, soufre et salpêtre.

Il conserve le monopole exclusif de ces deux dernières substances. Récemment, il a donné commission à divers négociants marocains de lui procurer 50,000 quintaux de soufre en canons et contenu dans des caisses de 100 kilogrammes chacune. Le poids se trouve ainsi tout mesuré pour le transport par dromadaires. Les négociants commissionnés se proposaient d'acheter à Marseille, s'ils obtenaient des prix modérés, et, au cas contraire, de s'adresser en Sicile. Mais il est bon de dire que les marchands du Maroc sont généralement assez peu au courant de la géographie et des sources commerciales de l'Europe. Pour eux, elles se résument à peu près dans les noms de Londres, Marseille, Gênes et Livourne. Il ne faut pas leur parler des produits de Birmingham, mais de Londres ; ne dites pas non plus Paris, dites Marseille ; cela leur va beaucoup mieux. Que le patriotisme marseillais en triomphe, s'il le veut. Les Marocains ne se font pas une idée de la facilité des communications en France, de leur fréquence ni de leur sûreté. Je les voyais inquiets lorsque sur l'adresse d'une lettre renfermant des valeurs, on ne pouvait pas mettre *près de Marseille* ou *près de Paris :* comme si tout pays en dehors du rayon de ces deux villes était peu sûr ou introuvable. Une fois, je me suis tiré d'embarras, en écrivant : A M. W....., banquier à Langres, *près de Paris.* Le Marocain, qui avait confié 500 francs à cette lettre, commença à respirer en entendant cette dernière indication. Je reviens aux soldats.

Si nous déshabillons de la tête aux pieds un cavalier régulier, voici quelles seront les pièces de son uniforme : le *feci* ou bonnet rouge de Fez, pointu et surmonté, avons-nous dit, d'une houppe bleue. Le *r'za*, *turban* qui entoure la partie inférieure du bonnet. Il est en mousseline anglaise et d'une extrême longueur. Le *djabad*, corset en laine ou en drap, sur la chair. Le *serouel* qui descend plus bas et est aussi plus étroit que le pantalon turk ou *serouel kandrisa*. Le *hazam*, ceinture de laine rouge, quelquefois en soie. La *kamigh* ou chemise à larges manches. Le *caftan* de drap rouge sur la chemise. Le *slam*, manteau court en laine blanche. Le *haïk* long de cinq ou six mètres, et dans lequel on se drape comme en Algérie. Les *temmag*, bottes longues sans semelles, ou pour mieux dire, tiges de bottes en maroquin rouge. Les *belgha mt'a er rekeub* ou souliers *pour monter ;* ce sont des souliers en fin maroquin et qui enveloppent le pied, sans avoir de semelles formées d'un autre cuir. Les *hemz* ou éperons en longues broches s'attachent entre les souliers et la botte. Le costume des fantassins ne diffère pas beaucoup ; ils sont chaussés de la babouche à semelle de cuir. Quant aux makhzenis du contingent des provinces, la plupart se croient suffisamment équipés avec la chemise et la chellabah, ou avec la chellabah toute seule. Ils marchent nu pieds. A la gebira ou giberne, on ajoute souvent le porte-balles, confectionné avec des morceaux de cuirs de diverses couleurs et fermé par des cordons en coulisse, à la façon des blagues à tabac.

Paulo majora canamus. Si quelque chose devait progresser et se soutenir chez les peuples musulmans, c'est l'art de la guerre ; et il y a de cela deux raisons : la première se tire de la religion elle-même, de la loi du Djehad qui fait de la guerre sainte le principal moyen de propagande religieuse et une rigoureuse obligation, toutes les fois qu'il y a chances de remporter la victoire. Il était donc naturel que le génie musulman s'appliquât au perfectionnement des armées, à l'étude de la stratégie, et de l'art des fortifications et des siéges. En second lieu, la puissance souveraine, toujours despotique et régnant sur des populations souvent indociles, aurait dû, ce semble, comprendre la nécessité d'apporter tous ses soins au développement de la science militaire et des éléments qui constituent la force publique. On ne voit rien de semblable, surtout au Maroc. Le gros des armées n'est qu'une informe cohue, et, si la lutte excède les proportions des guérillas, la tactique marocaine se réduit communément à disposer les troupes en croissant, avec l'artillerie au centre, et à étendre les pointes de manière à envelopper l'ennemi ou à le mettre entre deux feux. Quelques travaux de fortification dirigés par un Français, ont été récemment exécutés à Fez ; mais les remparts des places de guerre et des

villes maritimes sont généralement abandonnés aux ravages
du temps, sans que l'on songe à les restaurer, encore moins
à y introduire des modifications en rapport avec la fortification européenne. Je me trompe, on restaure les murailles
lézardées en les blanchissant au lait de chaux. Le badigeon !
c'est avec quoi les musulmans réparent les ruines morales
et matérielles. On peut bien appliquer aux royaumes de Mahomet le mot de l'Evangile : *Similes estis sepulcris dealbatis,*
quæ intùs plena sunt ossibus mortuorum et omni spurcitiâ. A
Tanger, la ville européenne, le gouvernement n'a pas même
eu le courage de faire disparaître les traces du bombardement de 1844.

Et la marine ? La marine militaire du Maroc moderne n'a
pas toujours été méprisable. Sous Moulé-Ismaël (1672-1727),
les Salétins organisés en république vassale du sultan, cons-
truisirent de gros vaisseaux et répandirent la terreur sur les
mers du Magreb. Sidi-Mohammed, petit-fils d'Ismaël, eut des
navires percés pour vingt-six et même trente-six canons. La
passe de Salé, qui peut à peine recevoir aujourd'hui les bâ-
timents de cent cinquante tonneaux, s'était trouvée d'une
profondeur de trente pieds, à la marée haute, par suite du
tremblement de terre du 1er novembre 1755, et l'on avait
profité de cette heureuse circonstance.

L'incorporation pure et simple de Salé à l'empire, la diminution de la piraterie et l'extension des traités de commerce avec l'Europe amoindrirent la marine militaire des
chérifs. Elle essuya d'ailleurs des pertes considérables par
les naufrages. Les courants portent à la côte de l'Atlantique
presque toujours battue par la grande houle du large, et ces
raïs étaient incapables de bien manœuvrer dans ces parages
des vaisseaux lourds et imparfaitement construits. Pourtant
Sidi Mohammed, en 1792, léguait encore à son fils Moulé
Yezid une demi douzaine de frégates, une douzaine de galio-
tes et plusieurs milliers de matelots. Il n'y a plus maintenant
qu'une goélette de 4 canons, un brick de 12, une frégate si

bien bâtie qu'elle ne peut sortir, même sur lest, de la rivière
de Larache, quatre chaloupes canonnières et quelques che-
becs. Le tout pourrit à Larache, à l'embouchure du Louccos.
C'est ainsi depuis vingt ans ; la flotte ne coûte pas un centi-
me d'entretien, à moins qu'on y comprenne les simples embarcations consacrées au service des ports. D'où vient cette
incurie ? De l'aversion du sultan pour l'Europe. Soutenir une
marine militaire et la développer supposerait la volonté de
protéger et de favoriser une marine marchande. Abd er-
Rahman ne supporte même pas le cabotage et l'on ne voit
guère que les bateaux plats des Rifains raser une faible partie du littoral de son empire.

Mare sævum, importuosum a dit Salluste en caractérisant
les parages de l'Afrique ; le mot est vrai appliqué aux deux
côtes du Maroc. La nature cependant n'a pas tellement refusé
tout concours au travail de l'homme qu'il faille désespérer
d'abriter jamais sur ces rivages une marine en rapport avec
les besoins du commerce et de la défense du pays. Le port de
Santa-Cruz a une rade large, profonde et assez protégée contre la violence des vents pour que Jackson, durant un séjour
de trois ans, n'y ait pas vu se perdre un seul navire. Le port
de Mogador offre des ressources. Il est formé par un îlot derrière lequel se trouve le mouillage ; mais il est petit et le canal s'ouvre aux vents du Sud Ouest et du Nord Ouest. Safi a
une très belle rade ; mais elle n'est pas tenable quand le Sud
ou le Sud Ouest souffle en hiver et le rivage se hérisse de
brisants. L'entrée de la rivière d'Azemmour est dangereuse.
Le petit bassin de Mazagan n'a point d'importance et les
grands navires jettent l'ancre assez loin au large. Le mouillage de Casa-Blanca est mauvais. L'embouchure du Bou Regreb
une des clefs du Maroc, est malheureusement obstruée par
les barres qui se forment de la lutte des vagues de l'Océan
contre les eaux du fleuve, entre les remparts de Rabat et de
Salé. Du moins la rade est sûre dans la belle saison. La barre
à l'embouchure du Sebou est telle que les navires d'un faible

tonnage ne trouvent point d'asile à la Mamoure. Le Louccos nuit de même au port de Larache qu'il comble peu à peu de ses alluvions et qui n'est plus accessible qu'aux navires d'une centaine de tonneaux.

Dans la Méditerranée, aux Djafarines, la rade est très-sûre et quoique ces îles ne produisent rien, en dehors de la pêche, nous aurions dû prendre les devants sur l'Espagne et nous y établir, certains de pouvoir toujours approvisionner ce point par l'Algérie, par le Maroc ou l'Espagne elle-même.

Les ports de Melilla, du Penon de Velez de la Gomera sont petits ; mais il y a un bon mouillage au Sud d'Alhucemas (1). Les eaux de Ceuta ne sont pas aussi profondes que celles de Gibraltar, et constituent son port dans un état d'infériorité. Tanger n'a plus de port depuis que les Anglais, abandonnant cette ville, l'an 1684, firent sauter le môle dont les vestiges se voient encore à fleur d'eau. Le mouillage est ouvert de telle sorte que les navires peuvent être facilement jetés sur la grève sablonneuse du vieux Tanger. La pointe Malabatte ou Cap du Phare, *Raz el Menara*, ne supplée nullement à la digue ruinée. En somme, la nature n'a pas creusé sur les côtes du Maroc les ports désirables. Il faut y craindre les grands vents, spécialement le Sud-Ouest et le Nord-Ouest, celui que les Italiens appellent *Il Maestro*. Dès les premiers jours d'octobre, la mauvaise saison s'annonce par des bourrasques poétiquement nommées sur les barques espagnoles *Cordonazos de san Francisco* : Coups de cordon de St.-François (saint dont la fête arrive le 3 octobre) : et le beau temps n'est guère assuré qu'au mois de mai. On doit donc étendre aux côtes du Maroc le dicton castillan applicable au littoral Sud de la Méditerranée :

> *Junio, julio, agosto y puerto Mahon*
> *Los mejores puertos de Mediterraneo son.*

(1) En décembre 1857, la *Espana*, a publié un remarquable travail de M. Joaquin de Martitegui sur Melilla. Nous ne pouvons entrer dans les détails que l'étude des presidios comporterait.

Cette privation de ports naturels et les périls de la navigation rendent plus facile la défense des rivages de l'empire. D'autre part, un gouvernement intelligent saurait pourvoir aux besoins du commerce en profitant du moins des faibles avantages offerts par la nature sur quelques points de la côte, et il lutterait contre les forces qui accumulent les barrières à l'embouchure des fleuves ; mais le gouvernement du chérif n'a pas la moindre préoccupation de ce genre. Il ne songe pas à remuer une seule pierre, ne fût-ce que pour aider au débarquement du voyageur qui arrive en chaloupe. On débarque en entrant dans l'eau jusqu'à la ceinture ou bien porté sur les épaules des *esportilleros* de l'endroit. Or, les portefaix de Livourne et d'Alexandrie sont des gentlemen auprès de ceux du Maroc. La nacelle qui nous conduit vers la rive en est encore éloignée de trente pas ; une bande de gens en guenilles s'avance, fendant la vague ; et les voilà qui se cramponnent à la barque, se repoussent l'un l'autre, et nous étourdissent de vociférations diaboliques ; nos rameurs frappent à coups de poings et à coups de rames sur les assaillants ; mais la barque est prise, envahie ; les vainqueurs s'emparent des bagages et se jettent à l'eau ; des bras vigoureux me saisissent, me tiraillent, me déchirent mes vêtements ; perdu un instant dans la bagarre, je me trouve enfin à cheval sur le cou d'un énorme Rifain, qui me dépose dans le sable après une lutte périlleuse contre les flots agités. Je paie Rifain et batelier. Le drame n'est pas fini. On s'est arraché mes bagages, on se dispute ma personne ; je suis entouré d'un cercle de figures barbares, insolentes, abruties. Le cou tendu, ils m'interrogent confusément et cherchent à deviner ma nationalité, sous mon costume inconnu de prêtre algérien : « A hotel for the travellers, sir ? — Quiere usted la fonda ? — Mousiou, l'hôtel français ? Vuole una locanda ? — Ya sidi, thab el fondok ? » — Immobile et muet, j'attends avec un flegme anglais que ce flux croisé d'apostrophes se calme, et, d'un pas grave, je me dirige vers la porte de la ville. Peu à peu, mon cortége diminue, et j'arrive à l'hôtel accompagné seulement de sept ou huit gaillards. Deux portent mon parapluie, deux autres mon burnous, et trois ou quatre mon sac de nuit. Un autre ne porte rien ; mais il me fait l'honneur de m'adresser des questions pressantes auxquelles je ne réponds pas. Ce fut le plus difficile à contenter lorsque je rétribuai ces pénibles services. Ah ! plaignez le voyageur à l'heure où il débarque au Maroc.

Et encore, mon sort fut-il des plus doux. Un jeune diplomate qui débarquait en même temps que moi, renversé des épaules de l'esportillero, plongea dans l'onde amère. Qu'on juge de l'extérieur avec lequel il fit son entrée dans l'empire des chérifs? Mais si les Marocains ont auguré de là qu'ils auraient à faire à *une poule mouillée* (c'est une expression de Mme de Sévigné), ils ont pu s'apercevoir bientôt qu'ils se trompaient complètement. Pareille aventure faillit arriver, en 1767, à l'ambassadeur de France, M. le comte Breuillon, lors de son débarquement à Safi, sur les épaules d'un juif. C'est pourquoi je ne puis comprendre que MM. les consuls n'obligent pas le gouvernement marocain à disposer un débarcadère dans chacun des ports principaux ou du moins au port de Tanger, qui reçoit tant d'Européens et de personnages de haut rang. A Tanger, cet ouvrage n'entraînerait qu'une dépense insignifiante, pour permettre à une barque d'accoster la terre ferme.

Si l'on ne pense pas que la dignité consulaire ait à souffrir d'un débarquement opéré dans ces conditions, on doit avoir au moins souci de la pudeur des femmes, et songer aux inconvénients de les transporter ainsi, au-dessus de la vague, dans un fauteuil mal soutenue par les bras des Maures ou des juifs.

La négligence du gouvernement marocain en ce qui touche à la marine et à l'entretien des ports est tout à fait systématique. Ni l'argent ni les matériaux ne lui manquent pour réaliser quand il le voudra des changements importants à

l'état de choses que nous déplorons aujourd'hui. Les forêts qui
lui ont autrefois fourni des bois de construction pour des centaines de flotilles ne sont pas épuisées ; celles de Temesna,
près de Rabat, celle de la Mamo approvisionneraient des
chantiers immenses. Mais on repousse toute idée de ce genre.
Un homme d'une capacité réelle, M. J. Darmon, demanda au
chérif, il y a quelque temps, l'autorisation d'exploiter la forêt
de la Mamoure, près de Mehdia ; et il offrait de payer pour une
concession de dix ans, 250,000 fr. par an, ou de construire
à ses frais deux frégates, deux bricks et deux goëlettes. Cette
demande fut accueillie par un refus qui ne laissait pas de
place à de nouvelles sollicitations. J'ai dit que les finances
d'Abd-er-Rahman lui permettraient de ne pas négliger à ce
point les intérêts de ses peuples : mais si la politique étrangère se résume pour lui dans ces deux mots : *Eloigner les
Européens*, la politique intérieure est toute entière dans ce
principe : *Régner pour soi et non pour le bien du pays*, ou
encore : *Après moi le déluge*. Ne lui dites pas que gouverner,
c'est prévoir ; que le monarque est fait pour la nation et non
pas la nation pour le monarque : Il n'entend pas le français.

Et cependant les sources de ses revenus sont nombreuses ;
outre la dîme des produits de la terre ou de l'*achour*, il faut
mettre en ligne de compte la *djezzia* ou capitation des juifs ;
les cadeaux ou *edya*, qui se font à quatre grandes fêtes de
l'année, le Mouloud, le Ramadan, l'Achour ou dixième jour
après le Ramadan, et l'*Aïd el Kebir* pendant lequel on immole
un mouton en mémoire du sacrifice d'Abraham ; les produits
des douanes, de la fabrication des monnaies et de la différence
de la valeur monétaire qui s'élève quand le gouvernement
paie, et s'abaisse quand il reçoit. (Nous allons revenir sur ce
point.) Les octrois, les amendes, les monopoles, les impôts
arbitraires et accidentels, enfin les spoliations fréquentes de
sujets soupçonnés d'être riches, alimentent aussi le trésor
impérial. Cela suffit bien pour écraser les populations, si l'on
se rappelle comment en usent les pachas dans la répartition

et la perception de l'impôt et si l'on y ajoute d'autres charges
qui profitent indirectement à l'empereur, en ce sens qu'elles
devraient retomber sur l'Etat : Telles sont la *mouna* ou l'approvisionnement des armées en campagne et l'entretien d'une
ou deux zaouias par province, où les pélerins et les voyageurs sont gratuitement hébergés pour trois jours.

Quel peut être le revenu total puisé par Abd-er-Rahman
à ces différentes sources ? Nous ne connaissons pas de documents certains à cet égard : on l'évalue à vingt ou vingt-
cinq millions. Mais il est sûr que les dépenses sont loin d'é-
galer les recettes, et l'on suppose avec fondement qu'elles
n'en absorbent pas la moitié. Où s'entasse donc ce trésor? On
dit à Fez, à Tafilet, à Maroc, mais principalement à Mequinez,
et l'opinion commune au Maroc est que le beït-el-mal, ou
palais des richesses de cette dernière ville renferme deux
cent millions de francs. Il y a de nombreuses cellules remplies de pièces d'or et d'argent; l'accès en est défendu par la
garde noire et par des portes de fer multipliées, dont le sultan
garde les clefs. Les calculs de *Graberg de Hemso*, de *Calderon*, de *Mordtmann* ne me paraissent pas suffisamment ap-
puyés pour que j'en donne ici le détail. Quel cas voulez-
vous faire d'une statistique basée sur des documents aussi
incomplets, aussi incertains? Elle repose sur des éléments
d'une mobilité désespérante. Qui oserait fixer maintenant,
par exemple, les profits qu'Abd-er-Rahman retire de la double valeur des monnaies? Il est évident qu'il ruine la nation
par cette mesure, mais on ne sait pas de combien il enrichit
son trésor. Ce que nous avons à dire des monnaies le fera
comprendre.

Au mois d'octobre 1858, l'*oukìa*, petite pièce d'argent que
les Européens appellent *once*, valait, selon le tarif du sultan,
4 blanquillos 1/2 ; dans le commerce, elle valait 5 blanquillos et 1/6. Le *stati*, monnaie d'argent nommée par les Européens demi-piécette, valait, selon le tarif du sultan, 7 blanquillos, et, dans le commerce, 8 blanquillos.

Le *bendki*, monnaie d'or valant 40 onces selon le tarif impérial, valait dans le commerce 50 onces et 4 blanquillos.

On peut juger des bénéfices de l'empereur par la différence de son tarif et le cours du commerce. Ce qui, dans le commerce, augmente beaucoup la valeur des monnaies d'or et d'argent, c'est la fabrication illimitée des *flous*, grossière monnaie de billon, qu'Abd-er-Rahman fait couler par quantités énormes, sans proportion avec les besoins du pays. Il en résulte que cette monnaie perd chaque jour de sa propre valeur. Mais le sultan y gagne, parce que, d'une part, il maintient le tarif de l'État pour l'or et l'argent, et que de l'autre, il ne reçoit aucune monnaie de billon. Il paye en flous, mais on ne le paie qu'en or ou en argent : manœuvres qu'il convient d'assimiler à un brigandage.

Vous acquittez un impôt ou une dette quelconque envers Abd-er-Rahman, avec une pièce de 5 francs, je suppose. Il la reçoit, selon son tarif, pour 19 onces seulement, tandis qu'elle en représente 24 1/2 ou 25 dans le commerce. Avec vos 5 francs, il fabriquera 8 francs. Puis, s'il doit à son tour vous payer 5 francs, il vous payera en flous, selon son tarif, et au lieu de 5 francs, vous n'en aurez que 4, en valeur commerciale. Renouvelez quatre ou cinq fois ce va-et-vient de la pièce de 5 francs entre l'empereur et vous, et il vous l'aura volée tout entière. Le barbare s'applaudit sans doute d'un pareil système, dont il ne voit pas les dernières conséquences. Il s'arrête aux premières et trouve, par exemple, que ses troupes lui coûtent peu, attendu qu'il les paie en flous et qu'il reçoit les contributions en douros.

Supposez encore qu'un marchand ait importé au mois de janvier 1,000 francs de marchandises au Maroc. Il a vendu à six mois de terme, selon l'usage du pays et à 20 0/0 de bénéfice, prix réglé en flous. Mais, en juin, la pièce de cinq francs valant non plus 19 onces, mais 22 ou 23, tout le gain s'est évanoui. Le marchand européen exige donc l'or ou l'argent pour le payement de ses factures d'importation ; et il s'en suit que les négociants marocains, forcés de s'en procurer, perdent au change des sommes considérables et ne laissent au Maroc qu'un billon sans valeur. En un mot, la fabrication illimitée des flous et le maintien du tarif impérial jettent en ce moment une perturbation désastreuse dans les transactions et la fortune des Mogrebins, désolent les sujets et n'enrichissent Abd-er-Rahman qu'en précipitant sa propre ruine. J'ai dit qu'il tondait ses moutons sans les tuer ; on voit que ce n'est pas sans les écorcher.

Considérées intrinséquement, les monnaies marocaines n'ont pas la valeur qu'elles représentent, à l'exception des monnaies d'or. Les anciens bendkis et demi-bendkis gagnent même à la fonte. Ces pièces portent, assez mal marquées, d'un côté, le nom du pays où elles ont été battues, et au revers l'année de la fabrication. L'oukïa et le stati, qui sont en argent, à la fonte perdraient beaucoup. Ils offrent les mêmes inscriptions que les monnaies d'or ; mais le travail est mauvais. L'ouvrier bat ces pièces au marteau, les écrase irrégulièrement, pose le chiffre dessus et frappe à la main. Le flous et le double flous, ces fléaux actuels du Maroc, se composent de plomb, de zinc, de cuivre fondus et coulés dans des moules en fer grossièrement préparés. D'un côté, on marque seulement l'année de la fabrication et de l'autre l'anneau de Salomon, figure cabalistique destinée à préserver du mauvais œil.

L'anneau de Salomon, *khatem Sidna Seliman*, mérite une petite digression à cause du cas que l'on en fait au Maroc ; il se reproduit partout dans les maisons et les mosquées, aux plafonds, dans les arabesques, les candélabres suspendus et parmi les dessins des tapis. Il contribue sans doute à consoler un peu le pauvre Marocain qui arrête un regard mélancolique sur ses flous en baisse continuelle.

En attendant que l'on arrive à découvrir le véritable anneau de Salomon, caché dans le cercueil de ce grand roi, patron des sorciers musulmans, ils se contentent de l'imitation imparfaite de cet anneau, telle qu'elle existe sur les monnaies. Il se compose de deux triangles équilatéraux qui s'enlacent et se compénètrent de manière à former une étoile à six pointes. C'est une figure très efficace contre les maladies, le *mal de ojos*, et les accidents de toute espèce. Celui dont Salomon usait habituellement, était d'une seule pièce et l'on y avait fait entrer une parcelle de tous les métaux; il présentait bien des entrelacs, mais il était impossible de découvrir aucune jointure. Avec ce précieux talisman, Salomon ou Seliman gouvernait les éléments et les esprits, tant les esprits bienfaisants ou *djenoun* que les mauvais ou *chitanin*. Sa puissance ne s'arrêtait qu'à Satan le lapidé, au diable noir par excellence, *chitan el k'hal*. Voilà du moins ce que m'affirmait un magicien consommé, originaire du Sous, en me faisant cadeau d'un anneau de cuivre qu'il avait enrichi de nouvelles vertus.

Je n'ai jamais ressenti les bénignes influences annoncées par ses prophéties; mais s'il n'y a que la foi qui sauve, je ne suis pas en droit de me plaindre.

Les Marocains ne dédaignent pas nos monnaies, quoiqu'elles ne possèdent point de propriété contre la *jettatura*; elles préservent de tant d'autres choses! Toutefois notre billon ne leur convient pas, et ils n'acceptent nos pièces d'or que sur le littoral, en nous imposant une perte excessive, parce que leur or est, en effet, à un titre supérieur par rapport au nôtre. Les douros d'Espagne et de France sont au contraire les bienvenus auprès d'eux. La piastre à colonnes, surnommée le douro *bou medfa* ou l'écu aux canons, partage leur tendresse avec l'écu de France ou douro *bou chetba :* l'écu aux balais. Ils ont pris pour des canons les colonnes d'Hercule, et pour des balais les trois fleurs de lis. Tout voyageur qui passe au Maroc aura donc soin de transformer préalablement sa monnaie d'or en monnaie d'argent. A la vérité, il y a, même à Fez, des négociants juifs et maures qui acceptent notre papier avec peu d'escompte; mais prenez garde qu'ils ne spé-

culent sur votre embarras, s'ils ne sont pas en relations
d'affaires avec vous.

Des considérations et des faits qui précèdent, il résulte
que l'administration des finances au Maroc se réduit à une
spoliation graduée et universelle de la nation par l'avarice
combinée à la stupidité du tyran qui le gouverne. Ses sujets
peuvent-ils au moins tirer parti du sol et de l'industrie, en
livrant leurs produits au commerce d'après des réglements
raisonnables, également protecteur de l'intérêt public et de
l'intérêt privé ? C'est à quoi les faits vont répondre encore, à
mesure que nous indiquerons les productions de ce pays, si
riche des dons du ciel et si appauvri par les vices, par les
erreurs et les ignorances de l'homme.

Sous le rapport de la fertilité du sol et de la variété de ses
produits, on peut d'abord comparer le Maroc à l'Algérie et
dire qu'il fournit ou qu'il est apte à fournir tout ce qu'elle
nous présente elle-même de richesses. Mais les vingt-cinq
mille lieues carrées qu'embrasse le Maroc ont sur l'Algérie ce
premier avantage que la région saharienne, les terres infé-
condes du Djerid y occupent beaucoup moins d'étendue relative. Le littoral de l'Océan a ses Sahels ou terrains mame-
lonnées et son Tell ou ses terres à céréales, comme le littoral
de la Méditerranée. Il y a donc de plus vastes espaces propres à la culture. Ensuite, les régions méridionales doivent
aux gommiers et aux dattiers des ressources que l'Algérie ne
possèdent pas. Je le dis même pour les dattes, en ce sens
du moins que le Tafilet et le Sous l'emportent de beaucoup
pour la quantité et la qualité de leurs palmiers sur les oasis
de nos ksours, sur celles de Tougurt et des Beni-Mzab. Les
bousekri sont de petites dattes dures et fondantes comme du
sucre pur ; les *boutoneul*, dattes grosses et grasses et d'un
goût exquis, n'appartiennent qu'au Tafilet. Le Maroc a d'ailleurs une supériorité marquée pour ses chevaux, ses mules,
ses laines, ses cuirs et bien d'autres produits. La partie Nord
de l'empire offre un aspect qui rappelle plutôt la province de

Constantine que celle d'Oran ; je veux dire qu'elle conserve
encore, dans l'aridité des grandes chaleurs, une verdure enlevée aux contrées où il y a moins de ruisseaux et de pentes
boisées. Le Maroc paraît être mieux arrosé que l'Algérie, et il
compte quatre fleuves comparables au Chélif pour le développement de leur cours, savoir : l'Oued-Draa, le Tensift, le Ziz
et la Moulouïa. Mais le Ziz pourrait bien ressembler à notre
Oued-Djeddi, marqué sur les cartes d'un trait si noir, et qui
l'est plutôt sur le terrain par des sables humides que par des
eaux courantes. La Moulouïa également garde peu d'eau pendant l'été, ce qui lui vaut le surnom de *Bahr-bela-Ma.* Les
rivières du Maroc sont très poissonneuses et plusieurs se
prêtent à la navigation dans la saison favorable.

Le poisson abonde aussi sur les côtes ; et sous ce rapport
le Maroc ne le céderait guère à Terre-Neuve La pêche n'est
pas exploitée en grand pour l'exportation, mais seulement
pour l'approvisionnement des ports de mer. Je conseille au
touriste de se donner le plaisir d'une pêche en compagnie
des Maures. C'est à la fois merveilleux et pittoresque, merveilleux dans les résultats, pittoresque dans les procédés.
Les trente ou quarante hommes et enfants en guenilles et
demi nus qui attirent à la plage l'immense filet, cadencent
leurs mouvements par une invocation religieuse dite d'une
voix plaintive ; *Rebbi ! Rebbi ! Rebbi !* disent-ils ; et je me
rappelle involontairement la parole des pêcheurs du lac de
Génésareth : « *Præceptor ! per totam noctem laborantes nihil
cepimus.* Maître ! nous avons travaillé toute la nuit sans rien
prendre. » Les mouvements se précipitent à mesure que les
deux bouts du filet se rapprochent ; le chant devient haletant ;
déjà les poissons frétillent à la surface de l'eau ; un marabout
y entre jusqu'aux genoux et leur jette une pluie de sable qui
arrête leur fuite ; enfin les écailles brillent sur la terre à travers les mailles du filet. Vite, des mains nombreuses trient
le poisson et le jettent par couches dans les paniers de
roseaux : une couche de poisson, une couche de sel, une

couche de poisson, une couche de sel. On recouvre le tout de feuilles de palmiers-nains : nous chargeons nos mules et trottons vers la ville avant que le soleil déjà chaud ne porte atteinte au produit de la pêche commencée par le *salat el fedjer*, la prière du point du jour.

Malgré des procédés de culture capables de lasser la Providence, le blé pousse comme par enchantement. Point d'engrais, point d'aménagement des terres, point de labour, à peine un léger grattage à l'épiderme du sol, semailles au hasard, moissons tardives ou l'on coupe avec des faucilles maladroites le blé trop mûr et seulement au-dessous de l'épi, afin de ne pas récolter autant de mauvaises herbes que de blé. Oui, et malgré tout le Maroc nourrirait une partie de l'Europe. Je signale particulièrement les provinces de Doukkala et d'Abda, dont j'ai entendu dire :

Ila Doukkala doukkaltein
Ou Abda abtein,
El djemel zerâa
Sonoâ kabtein.

« Si Doukkala était le double plus grand et Abda aussi, la charge de blé vaudrait deux osselets. »

Mais admirez le génie d'Abd-er-Rahman ! Pour ne pas donner de pain aux roumis, aux cafres, aux ghiaours, et sous prétexte d'en conserver davantage pour ses amés et féaux sujets, il a prohibé depuis le mois de janvier 1841 la sortie du blé, de l'orge et de la farine, que les Marocains vendaient par millions d'hectolitres. Puis les pachas, persuadés que les agriculteurs regorgeaient de céréales, ont multiplié les razzias, vidé les silos, les matamores, les paniers d'osier, les chambres closes où se conservent les grains ; et le fellah découragé, ne vendant plus rien et dans l'impossibilité de cacher ses moissons comme il recélait les douros d'Europe, le fellah n'a plus ensemencé, il s'est accroupi au bord du champ et il a dit : *Mektoub*, c'était écrit. Et le Maroc, de 1852 à 1856, a mendié du blé en Europe.

A la prohibition de la sortie de l'orge et du blé, nous devons joindre celle qui pèse sur les laines ; car elle atteint
surtout l'industrie française, à laquelle elle enlève des matières premières et de première nécessité. Le Maroc en expor-
tait dans ces derniers temps de 100 à 125,000 quintaux
par an. Près des sept huittièmes passaient en France à des
maisons de Paris, de Marseille et de Lodève. Actuellement,
rien ne froisse autant nos intérêts dans la conduite du gouvernement marocain que le décret dont cet article important
se trouve frappé. Je consignerai ici quelques renseignements
touchant ce produit précieux qu'il nous tarde bien de revoir
sur nos marchés.

Les laines du Maroc se distinguent d'abord en *Beldia* et
ourdighia. Les ourdighia sont ainsi appelées du nom du
pays qui les produit, et on l'étend généralement aux laines
venant de la montagne. Les beldia, comme leur nom l'indique, sont les laines des troupeaux qui paissent dans les plaines voisines de la mer et des ports de sortie.

Les ourdighia sont toujours expédiées en suint ; car elles
sont destinées aux tissus fins et perdraient de leur valeur à
être lavées dans l'eau de mer qui laisse un peu de sel dans
les toisons et en ternit la blancheur. On les distingue en ourdighia pur ou très fines et en ourdighia *ratba* ou moins fines.
Celles d'une qualité supérieure vont la plupart à Casa Blanca
et soutiennent le renom du marché de Liverpool. Les
plus belles viennent des Beni-Ahmeur. Celles d'une qualité inférieure se rencontrent plutôt à Tétuan.

Les beldia, moins délicates que les ourdighia, s'expédient
lavées. Elles comprennent les *iedlavouia* et les *zaïria*, ainsi
nommées de Jedla et de Zaous, points situés aux deux extrémités du pays lanifère. Si elles proviennent de la tonte de
l'animal vivant, elles sont dites *mabenna ;* si elles sont séparées des peaux après le lavage et simplement par le bat-
tage, on les nomme *lbattia ;* si elles en sont séparées par la
chaux, aux tanneries, elles s'appellent *debbaghia*.

Quand ils réunissent ces laines en suint, les marchands les battent pour en faire tomber le fumier qui emporte alors des morceaux cotonneux; on lave ces morceaux et l'on en retire la laine brisée dite *berroual*. Les laines *msabbena* ne sont autre chose que les beldia les plus grossières et que l'on emploie aux étoffes les plus communes.

Les acheteurs marocains ne sont pas versés dans la connaissance des laines. Ils perdaient beaucoup en les vendant mélangées sans distinction des qualités qui font leur mérite ou les déprécient.

On ne comprend pas qu'un gouvernement, même barbare, soit assez aveugle ou assez ennemi du bien général, pour prendre une mesure aussi funeste que celle dont nous réclamons la suppression. En 1856, l'Europe a payé jusqu'à 22 ducats le quintal de laine; et bien qu'en 1854 la guerre d'Orient en ait fait baisser le prix, le Maroc retirait encore de son exportation des profits considérables. Au lieu de cela, qu'arrive-t-il? Les douars ont de grands troupeaux dont chaque tente possède un certain nombre de têtes. A la vente, les Marocains échangeaient la laine pour de l'argent comptant. Ils achetaient pour une partie de cet argent du coton, du sucre, du thé qu'ils aiment comme les Arabes d'Algérie le café. Au retour du marché, la joie et l'aisance régnaient dans la tribu. Maintenant la laine surabonde, et la production qui excède de beaucoup la consommation ne trouve pas d'écoulement. On offre au voisin de la laine dont il ne veut pas, car il est déjà embarrassé de celle qui pourrit sous sa tente. Ainsi la sagesse d'Abd-er-Rahman et son paternel amour pour ses sujets font mentir le proverbe: Abondance de bien ne nuit pas. Leurs petites acquisitions faites, après la vente des laines, les Marocains revenaient avec le surplus du bénéfice et ils avaient encore de quoi payer l'impôt.

L'argent aujourd'hui leur manque; la laine reste; mais l'impôt ne s'acquitte pas en laine. Ils ont donc forcément

7

recours à l'usurier, et les voilà placés entre lui et le pacha, comme entre l'enclume et le marteau.

Quel peut donc être ici le mobile d'Abd er-Rahman ? Je l'ai demandé à l'un des négociants français les plus intéressés dans la question, et j'ai sous les yeux cette réponse : « Le gouvernement marocain a pris pour prétexte le renchérissement des laines dans son pays pour en prohiber la sortie ; mais aujourd'hui ce prétexte n'existe plus, attendu que les prix sont tombés au tiers de ce qu'ils étaient. L'Angleterre voyait avec jalousie le grand commerce que nous faisions avec le Maroc, les sept huitièmes des laines s'exportant en France. Il y a deux ans, nous en avions retiré plus de quatre millions de kilogrammes. Vous devez comprendre l'importance de ce commerce pour la France, et je suis tout porté à croire que le consul anglais doit conseiller au gouvernement marocain de maintenir cette prohibition. » Je me borne à livrer ces conjectures à l'attention des lecteurs.

Les peaux et les cuirs formaient encore une source de richesses pour le pays. Abd er-Rahman a imaginé un moyen de la diminuer autant que possible. En 1852, il a donné l'ordre de lui livrer à titre de contribution toutes les peaux et tous les cuirs ; peaux de chèvre, de mouton, de bœuf, etc., toutes sont confisquées au profit du trésor. Le gouvernement conserve donc le monopole de cet article de commerce et il vend fort cher soit aux tanneurs du pays soit aux marchands étrangers des peaux qui ne lui coûtent rien. Mais il résulte de cette odieuse confiscation que les sujets sont pillés sans grand profit pour l'Etat ; car le nombre des peaux diminue étrangement. L'Arabe n'a aucun intérêt à les conserver et à les ménager ; souvent elles arrivent entre les mains du sultan dans un tel état, que les marchands d'Europe n'en veulent plus ou n'en donnent presque rien. Marseille achetait annuellement pour 7 à 800,000 francs de peaux de chèvres à Mogador ; elle n'en tire pas aujourd'hui pour 400,000. Le gouvernement vend son monopole à des com-

pagnies musulmanes qui exploitent un espace détermi-
né du territoire. Une de ces compagnies avait obtenu le
monopole à Tétuan et aux environs pour deux ans, au prix
de 25,000 ducats ou mitkal, monnaie de compte dont l'unité
vaut 10 onces de 16 centimes chacune.

Les journaux nous ont appris, à la date du 24 décembre
dernier, que l'empereur, renonçant à son système de confiscation, le remplaçait par un droit fixe perçu en espèce sur les
peaux de tous les animaux abattus. Puisse cette taxe être modé-
rée, puisse le remède n'être pas pire que le mal ! On ne saurait
en effet voir dépérir sans tristesse une cause si importante
de prospérité, une si belle branche de l'industrie du Mogreb.
Qui n'a pas admiré ces maroquins jaunes et rouges, les rouges surtout, dont la souplesse, l'éclat et la solidité font depuis des siècles la renommée ? On s'est engoué en Algérie
des poteries de Fez ; chaque navire qui touche à Tanger, en
route pour Oran, s'approvisionne chez David Azincot, de va-
ses de toutes formes et on néglige les maroquins. Vraiment,
c'est un tort. Les fauteuils, les chaises, les tables, les livres,
les chaussures, les sacs et d'autres objets en maroquin jaune
ou rouge l'emportent par la beauté comme par l'utilité sur
ces grossières potiches. Je préconise le maroquin rouge ; il
est plus précieux et d'une plus belle couleur ; le jaune pâlit
à la lumière de la lampe. Une peau de chèvre ouvrée s'achète
au détail de 2 fr. 50 à 3 fr. 50, selon la couleur, la grandeur
et la qualité. Les peaux de bouc sont naturellement plus for-
tes et le grain plus gros ; celles de chèvres plus minces et le
grain plus fin. La souplesse dépend de la fabrication. J'entre
dans ces détails, désireux de voir ces maroquins à la mode.
Reprenons la suite des principales productions naturelles.

Le blé, la laine et les peaux mis en première ligne, ou-
vrent une liste qui pourrait bien être longue. Le maïs, les
fèves, les pois chiches, les lentilles, abondent au Maroc. L'exportation n'en est pas interdite, mais les droits de la douane
sont exagérés et l'Europe n'est portée à emprunter ces res-

sources que dans les cas où les prix sont élevés chez nous par les mauvaises récoltes. En 1854-55, il y a eu 600,000 hectolitres de maïs exportés pour la France, l'Angleterre et l'Italie.

La cire se récolte en grande quantité. Le Rif en envoie beaucoup au port de Tétuan ; elle est quelquefois mélangée avec le suif.

Le henné cultivé surtout dans le pays d'Azemmour et de Mazagan est fort en usage parmi les juives comme parmi les mauresques. Le meilleur vient des environs de Rabat. L'empereur n'a pas manqué de monopoliser ce produit. Il ne spécule pas seulement sur la vanité des femmes ; mais sur les teinturiers d'Europe qui ont besoin de cette poudre

L'écorce à tan n'est plus demandée en aussi grande quantité qu'autrefois, par le commerce étranger, elle est néanmoins l'objet d'un monopole. L'Afrique est tributaire du Maroc pour le koheul. De novembre à février, on charge de glands doux, à la Mamoure, une centaine de milliers de chameaux qui les transportent à l'intérieur. Le gassoul, terre que l'on emploi en guise de savon, est plus pur et plus commun dans l'empire que dans le Sahara algérien ; car, je pense bien avoir vu cette terre aux environs de Laghouat. Le commerce du gassoul est monopolisé. Le millet, nommé dourra, sert à engraisser les volailles ; et les hommes ne dédaignent pas de s'en nourrir. Il se fait dans les ports des chargements d'amandes douces et amères. Le coton croît naturellement ; mais on en récolte peu ; on ne sait pas le nettoyer ni le traiter ; il n'y a pas de machines pour l'éplucher. Le pays est propre à la culture du mûrier et des vers à soie ; l'état de décadence où tout languit et se perd, ne s'accommode pas d'une industrie qui demande des soins, et le Maroc va chercher en Orient, par Marseille, la soie qu'il dépendrait de lui de recueillir dans son sein.

Il obtient de ses provinces les plus riches en dattiers, des gommes de quatre espèces. L'euphorbium, drastique violent,

que la médecine emploie pour les emplâtres épispastiques ;
la sandaraque, qui entre dans la composition des vernis, une
gomme rouge, et celle dite de Maroc, qui sert à l'apprêt des
toiles.

Les populations montagnardes récoltent les œufs de ker-
mès, insecte hémiptère du genre de la cochenille et dont les
teinturiers marocains obtiennent une couleur écarlate d'un
éclat sans pareil. Le commerce en est resserré dans les liens
du monopole.

L'olivier pourrait en quelque sorte inonder d'huile le pays ;
mais on le laisse à l'état sauvage, et les pauvres gens s'é-
clairent et s'alimentent avec celle de la baie amère des len-
tisques. Il y a beaucoup de miel ; car le gouvernement n'a
pas encore trouvé le moyen de faire périr les abeilles, dont
les millions d'essaims peuplent les campagnes.

La vigne devrait couvrir des collines qui lui sont pro-
pices, comme celle de Jérès et de Malaga ; mais on l'aban-
donne, et le gouvernement, qui tolère qu'on s'enivre avec
les vins d'Espagne, ne permet pas d'en fabriquer avec les
raisins du Maroc. Quelques propriétaires le font en ca-
chette ; et avant que la liqueur ait fermenté, ils se plongent
dans une brutale ivresse. Il y a peu de temps, des juifs ob-
tinrent l'autorisation de faire du vin et ils suivirent les procédés espagnols. On a pu alors se convaincre que le Maroc
rivaliserait avec les vignobles nommés tout à l'heure ; mais
l'ordre arriva de renoncer à cette entreprise, parce que les
juifs, pressés par l'*auri sacra fames* plus que par la soif,
n'avaient pas bu leur vin et l'avaient vendu à des musulmans
dont il complétait les orgies. Les juifs se contentent de préparer et de boire en secret une eau-de-vie extrêmement
forte qu'ils tirent de la datte, de la figue et d'autres fruits.
Cette dévorante liqueur est bien connue dans les oasis algé-
riennes.

Ajoutez aux raisins, les oranges, les citrons, les limons, les
dattes, les bananes, les grenades, les figues, les amandes, les

poires, les pommes, les cerises, les noix, les châtaignes, les pêches, en particulier celles dites *halilla*, vous aurez un aperçu très incomplet des fruits que le pays sert à votre table ; et je parle seulement de ceux qu'il vous offre *hic et nunc;* nous n'en finirions pas s'il s'agissait de ceux que la culture y peut introduire.

J'ignore si le sol donnerait, avec des études et des soins, un tabac estimable. Celui que l'on récolte en petite quantité n'est pas agréable et il est capiteux. Aussi l'on ne fume guère le tabac au Maroc. En revanche, on y fait une prodigieuse consommation de kif. Hélas ! il ne fallait plus que cela pour achever d'abrutir les populations.

Le kif est la fleur d'un vert pâle ou blanchâtre du hachich. La petite feuille pointue de cette espèce de chanvre ne se fume pas, du moins habituellement. Il y a plusieurs manières d'absorber le kif ou de se mettre sous son influence enivrante. Après l'avoir fait sécher au soleil ou au feu, on le réduit en poudre et l'on prend à la bouche trois ou quatre pincées de cette poudre que l'on avale avec un verre d'eau.

On peut aussi le fumer et c'est la façon d'en user la plus ordinaire. Les pipes qui sont destinées à le recevoir ont un fourneau fort étroit, parce que l'on se contente souvent d'une faible dose de ce poison. Elles sont munies d'un tube de paille d'environ vingt centimètres. Quelquefois on mélange le kif au tabac.

Enfin l'on en fait une sorte de pâte ou de confiture appelée *mâdjoun* et pour laquelle on se sert du hachich ou de la plante même, aussi bien que du kif. Je m'abstiens d'en donner ici la composition avec tous les détails : à mon avis ce serait immoral. Je puis dire seulement qu'on mêle une certaine quantité de beurre frais avec une autre de kif et que l'on soumet ce mélange, enfermé dans une marmite et inondé d'eau pure, à un feu long et régulier. Après quoi, l'on retire le beurre et on le pétrit avec une autre pâte formée de miel, de canelle, de noix muscades, de clous de girofle et parfumée d'un peu d'ambre. On obtient ainsi une confiture de couleur violette et d'une moyenne consistance.

J'ai honte d'avouer que les Européens ne rougissent pas tous de prendre la dégradante récréation des hallucinations et de la folie passagère causée par ce singulier aliment. Il suffit d'en absorber la grosseur d'une noisette pour en éprouver les effets étranges, mais propres à exciter la répulsion du philosophe, de l'homme qui seulement se respecte. Aussitôt que l'ivresse produite par le mâdjoun monte de l'estomac à la tête, la folie se déclare par intermittences rapprochées. Parfois ce sont des larmes, des symptômes de tristesse, déterminés par des apparitions affligeantes et lugubres; presque toujours l'ivresse tourne au bizarre et au burlesque. Elle produit de fantastiques visions qui transforment subitement les figures des personnes présentes : les visages s'allongent, s'élargissent, s'aplatissent démesurément, comme lorsqu'on se voit à distance dans une vitre bossuée, irrégulière. Le délire va plus loin et change totalement la physionomie et le costume des assistants, en un mot, la face de tous les objets qui environnent les *hachaichin*. Je n'ai pas eu le courage de suivre jusqu'à la fin ces dégoûtants symptômes; les éclats de rire poussés dans cette ivresse me faisaient encore plus mal que ceux que l'on entend aux hospices d'aliénés. Je me suis dérobé à ce spectacle de chrétiens effaçant en eux artificiellement la raison. N'est-ce pas être témoins d'une sorte de sacrilège? Je dois dire que les mangeurs de mâdjoun dont je viens de parler n'étaient pas Français.

La fumée du kif n'agit pas aussi énergiquement que cette confiture. Elle a néanmoins sur le cerveau une influence analogue et qui se traduirait par des phénomènes semblables, si le fumeur ne se modérait pas ou si l'habitude n'affaiblissait pas la sensibilité. Nulle part en Orient on ne se livre avec autant de passion qu'au Maroc à la fureur du kif, et je ne sais si la préparation du zebibch, formée à peu près des mêmes éléments que le màdjoun, est aussi violente que ce dernier.

A chaque pas, dans les villes marocaines, vous rencontrez de ces hommes au regard éteint, à la physionomie hébétée aux mouvements engourdis, au teint plombé qui accusent un usage prolongé de la substance délétère, nommée pourtant l'herbe par excellence, le hachich. Le gouvernement, loin de lutter contre les excès d'une passion funeste à la population presqu'entière, ne songe qu'à spéculer sur ce chanvre, et à en étendre le commerce, dont il a fait un monopole. Abder-Rahman se propose-t-il d'endormir à l'aide de cet opium les souffrances de ses sujets? et les Marocains demandent-ils autre chose au kif que l'oubli de leurs maux ? Nous ne savons ; mais à coup sûr il y aurait lieu de naturaliser au Maroc le proverbe turc : « Noie ton chagrin dans le zebibeh ». Ainsi un mal en attire un autre : *Abyssus abyssum invocat.*

Les plumes d'autruche et les sangsues méritent d'être rangées parmi les produits naturels du Maroc importants pour le commerce. Les sangsues font partie des articles monopolisés.

La faune marocaine est extrêmement riche. Le lion habite les solitudes boisées. Cependant il est rare dans l'extrême Nord de l'empire. Le sanglier pullule, les Européens qui organisent des parties de chasse le tuent par douzaines. On ne prend pas la peine d'emporter les victimes. L'ours, l'hyène, le chacal, le renard, la gazelle et d'autres antilopes, le rhinocéros, se rencontrent dans les diverses régions qui conviennent à leurs espèces. Les singes ne sont pas rares et ils donnent leur nom à l'une des montagnes du détroit. L'on prétend que ceux de Gibraltar communiquent avec la côte d'Afrique par le souterrain qui s'ouvre au sommet de ce rocher et qui formerait tunnel sous la mer entre les deux rivages. On dit qu'il y a des serpents très venimeux dont les sorciers et les Aïssaoua font un grand usage. Il ne m'a pas été possible de voir de mes yeux les Aïssaoua se faire mordre impunément par des vipères munies de leurs crochets. Vingt fois, j'ai as-

sisté à leurs fêtes et à leurs représentations : mais les serpents qu'ils tiraient de leurs outres de cuir et qui paraissaient
les mordre au front ou à la langue n'étaient que de longues
couleuvres d'une espèce fort commune au bord des chots du
Sahara algérien. Je doute même que le sang dégoûtant du
front et de la bouche de ces fanatiques vînt de la morsure des
reptiles, comme le vulgaire rangé en cercle autour d'eux en
était persuadé. Il m'a semblé prendre pour venimeuse la langue bifurquée, mais inoffensive que la couleuvre dardait dans
la bouche ouverte de l'Aïssaoua. Des personnes graves assurent néanmoins qu'elles ont vu les mêmes expériences faites
avec la lefa, dont la morsure causait alors même et instanta-
nément la mort d'un poulet.

L'autruche, les cigognes, les flamants, les tadornes, les
cangas, les poules d'eau, les bécasses, les perdrix, les cailles,
les éperviers, les aigles, toute la gent volatile que nous voyons
en Algérie peupler les bocages, tournoyer au-dessus des abî-
mes de l'Atlas, s'abattre au bord des fontaines et sur les sebka,
traverser les plateaux sahariens, toute cette armée subsiste au
Maroc et provoque sans cesse le fusil du chasseur. Plus esti-
mée de la ménagère, la poule domestique y atteint le poids
de six kilogrammes.

Les chevaux et les mules, dont nous avons déjà fait l'éloge,
sont de premier ordre pour les qualités physiques et morales, si je puis m'exprimer ainsi. Mais l'exportation en est interdite et la faveur qui lève cette barrière ne s'obtient pas
sans des formalités désespérantes. On sait que la religion musulmane enseigne que le cheval arabe est un don réservé par
le ciel aux croyants. L'âne est commun au Maroc ; c'est le
bourriquot d'Algérie, le souffre-douleur parmi les serviteurs
de l'homme. Il y a beaucoup de chameaux dans le Sud, où
s'assemblent les grandes caravanes ; et l'on distingue parmi
eux le mehari, ce coureur étonnant que l'expédition du général Marey à Laghouat, en 1844, a fait connaître aux Français. Le sloughi, qu'on dirait le frère du sleug-hound écos-

sais, veille nuit et jour à la garde des tribus. Dans les vastes
pâturages et aux flancs verts des côteaux se déroulent sans
fin les troupeaux errants de chèvres et de brebis aux précieuses dépouilles. Rien n'est changé depuis Virgile :

Quid tibi pastores Libya, quid pascua versu
Prosequar, et raris habitata mapalia tectis ?
Sæpe diem noctemque et totum ex ordine mensem
Pascitur, itque pecus longa in deserta sine ullis
Hospitiis : tantum campi jacet : omnia secum
Armentarius Afer agit, tectumque, laremque
Armaque, amyclœumque canem, cressamque pharetram.

Vois les bergers d'Afrique et leurs courses errantes :
Là, leurs troupeaux épars, ainsi que leurs foyers,
Et paissant au hazard durant des mois entiers,
Soit que le jour renaisse ou que la nuit commence,
S'égarent lentement dans un désert immense !
Leurs dieux, leur chien, leur arc, leurs pénates roulants,
Tout voyage avec eux sur ces sables brûlants.

(DELILLE.)

Disons mieux, rien n'est changé depuis Abraham dont la
Genèse décrit tant de fois la smala : *Dominus benidixit domi-*
no meo valde, magnificatusque est ; et dedit ei oves et bores,
argentum et aurum, servos et ancillas, camelos et asinos. »

La flore du Magreb n'est pas moins riche, et pour ne parler que des principales essences des arbres de forêts, citons
les chênes à glands doux et les chênes lièges, le cèdre et le
palmier, le gommier, le genévrier, l'*ahrar* l'un des bois ré-
sineux les plus odorants, le thuya colossal, le tamarisque et
l'acacia. Bois de construction, de chauffage ou d'ébénisterie,
aucun n'est exploité raisonnablement, et la coutume arabe
d'incendier les forêts, qui a frappé de tant de fléaux une notable partie du globe, règne au Maroc sans que le gouvernement pense le moins du monde à s'y opposer. Je crois pourtant le pays mieux boisé que l'Algérie.

Autour des villes mauresques s'étendent les huertas d'une

intarissable fécondité. Aux arbres fruitiers de toutes espèces se mêlent la rose et le jasmin. Mais que parle-je de fleurs ? La culture des fleurs suppose un certain degré de civilisation qui n'existe plus au Maroc. Heureusement la terre est là toujours prête à répondre au travail de l'homme ; et, comme dans la fable de La Fontaine, c'est le fonds qui manque le moins.

La valeur des terrains à bâtir varie beaucoup, selon les villes ; à Tanger, ils coûtent fort cher. Mais, on a pour 200 francs par hectare un jardin irrigable et planté d'arbres. Les terres de labour se payent 100 francs environ, les sept ou huit hectares ; et beaucoup moins à l'intérieur du pays. Un touriste quelque peu avisé se donnerait pour 2 ou 300 francs le plaisir d'être propriétaire au Maroc ; propriétaire, à Tanger, par exemple, d'un petit éden dont la valeur décuplerait et au-delà, dans le cas de la conquête européenne.

La vie matérielle est aujourd'hui à bon marché, bien qu'on se plaigne, comme partout, que les denrées ont sensiblement renchéri depuis peu. Le blé coûte de 4 à 5 francs l'hectolitre, à prendre au silos. Voici des prix que j'ai mis en note au souk de Tanger.

Viande de boucherie vendue à la livre de 750 grammes : le bœuf, 28 ou 30 centimes. Le mouton, 32 ou 36 centimes. Il est défendu d'abattre les génisses, pour ne pas nuire à la reproduction. Poules de moyenne grosseur, 7 ou 8 francs la douzaine. Œufs, le cent, en moyenne 1 fr. 75 à 2 fr. Le beurre frais, la livre de 750 grammes, 55 à 70 centimes. De mars à juin, le prix baisse.

Le gibier n'est pas dans le commerce. D'adroits chasseurs indigènes se chargent pourtant d'approvisionner les Européens. Mon imagination me représente encore ces montagnards d'un extérieur inculte et farouche qui se pressaient chaque jour au patio de l'hôtel Vincent où ils apportaient le produit ensanglanté de leur chasse : quelquefois ils serraient dans leurs mains d'acier la perdrix convulsive, et ils avaient du vautour le regard et la serre. Quelles curieuses aquarelles un peintre réaliste aurait pu trouver là! *Kaddech berk?* Combien le canard? — deux blanquillos; 40 centimes. — *Kaddech hadjela?* Combien la perdrix! — Vivante, deux blanquillos et demi; morte, deux blanquillos. — Le lièvre, *rneb?* Quatre blanquillos; et il est beau. Le lapin coûte moitié moins. Le sanglier ne coûte que la peine d'aller le chercher à l'endroit où le plomb l'a tué. Il ne faut pas croire que l'Arabe aurait fait parler la poudre pour un cochon sauvage, *hallouf el rahba*, en d'autre vue que d'arrêter ses ravages. Le roumi lui rend service, s'il veut bien enlever l'animal trois fois immonde

Si le sol du Maroc offre des richesses incalculables, il recèle des trésors qui peut-être ne le sont pas moins, mais qui sont encore moins exploités. Les monopoles, les prohibitions, des droits de douane équivalant presque à la prohibition, causent d'immenses préjudices au commerce; le refus de concéder l'exploitation des mines à des compagnies ou à des particuliers, le refus de l'autorisation même de les explorer et l'oubli où les laisse le gouvernement, continuent le système d'Abd-er-Rhaman dont le but, je le répète, n'est autre que d'écarter les Européens et de tenir ses sujets dans la misère, l'ignorance et l'abrutissement, pour en avoir, pense-t-il, plus facilement raison. C'est un peu par présomption que l'on croit le Maroc en possession de grandes richesses minéralogiques; mais cette présomption a pour base des indices qui ne manquent pas de gravité.

En 1846, Abd-er-Rhaman avait concédé au sieur Bou-Derba, Algérien maintenant fixé à Tétuan, une mine de cuivre découverte non loin de cette ville. L'exploitation fut entreprise, mais assez mal dirigée. Le sieur Bou-Derba comprit qu'il serait de son intérêt comme de l'intérêt général, de céder son privilége à une compagnie, et il résolut de traiter avec une compagnie française. Mais il avait compté sans le sultan qui aima mieux racheter 40,000 francs le privilége de Bou-Derba et abandonner la mine, que de livrer un coin de la terre sainte de l'islamisme à l'industrie des Français. Le rachat eut lieu en 1855.

Mohammed Mustapha Ducaly, riche maure de Tanger, qui a visité Paris et Londres en 1845, obtint aussi une concession de mine d'antimoine à Angera, au voisinage de Ceuta. L'entreprise tentée deux fois échoua toujours avec perte ; et on attribue cet insuccès à l'incapacité des deux ingénieurs, l'un Anglais et l'autre Espagnol, chargés de diriger les opérations.

Si le sultan favorisait les travaux de mines, on tirerait beaucoup de fer des régions voisines de Maroc et du Sous ; mais l'exploitation n'est active que dans des contrées presqu'indépendantes ; l'Angleterre et la Suède amènent de loin et à grand frais au chérif ce qu'il a sous la main. Mustapha Ducaly avait demandé la concession des mines de fer de Ziaïda, reconnue excellente, entre Rabat et Casa-Blanca, par l'ingénieur anglais Riley. Il offrait de céder le quart du produit. C'était trop en vue du commerce européen, et ses propositions furent rejetées. Les mines de Ziaïda sont entièrement négligées.

Dans le Sous, on exploite une mine de cuivre des plus abondantes et qui fournit au Maroc presque toute sa vaisselle de cuivre. On a essayé d'embarquer de ce minerai comme lest, avec l'espoir que les autorités marocaines fermeraient les yeux sur ce commerce déguisé. Mais on se trompait. Une exportation qui est de nature à créer de beaux bénéfices pour les sujets d'Abd-er-Rhaman, à exciter l'ardeur du commerce européen ne saurait plaire à Sa Majesté. Le lest en minerai de cuivre fut prohibé.

L'ingénieur Riley a, dit-on, reconnu près de Tétuan du plomb argentifère et, non loin de Tanger, une mine d'argent.

Dans le Sous,

Ubi pinguia culta
Exercentque viri, pactolusque irrigat auro,

le lit des rivières étincelle de paillettes qui supposent de précieux gisements. Près de Maroc et d'Azemmour, on laisse dormir des mines de soufre, et les Arabes des montagnes pour faire leur poudre, viennent recueillir celui que les eaux thermales de Moulêi-el-Mansour déposent entre Fez et Mequinez dans le lit du ruisseau.

Je voudrais pouvoir assurer que le charbon de terre existe réellement dans le Djebel Angera, voisin de Tétuan ; on le dit, mais le gouvernement a défendu toute recherche à cet égard.

M. Hélénus, ingénieur français qui était chargé de lever le plan de la mine de cuivre concédée à Bou-Derba, aux environs de Tétuan, comme nous l'avons rapporté, put constater dans cette région la présence du manganèse. Il faut toujours répéter que ces découvertes sont restées inutiles et qu'elles le seront tant qu'on ne forcera pas la main aux barbares qui dédaignent ces dons de la nature.

Les marbres veinés se montrent en bien des endroits à la surface du sol, parmi les cailloux et les roches que roulent les torrents. A Maroc et à Fez, on exploite le plâtre, et il n'est pas douteux que l'on n'en trouve ailleurs.

D'après l'identité de l'inclinaison magnétique, on a soupçonné que les filons de plomb d'Estepona, en Espagne, prenaient naissance au Maroc.

A Laloua, près Casa-Blanca, il y a un rang-el-Meleh ou rocher de sel plus grand que le rocher de Gibraltar, et qui ressemble à celui que l'on rencontre entre Boghar et Laghouat. Le sel y présente des cristaux de toutes couleurs et les rayons du soleil produisent sur certains points de la montagne de merveilleux effets de lumière. Les Arabes importent de préférence le sel gris et le sel rose. Les terrains d'alentour sont stériles et produisent des herbes de la famille des soudes.

Ces notions et la connaissance générale que l'on possède de la constitution géographique de l'Atlas autorisent suffisamment l'opinion commune qui attribue au Maroc de grandes richesses minéralogiques.

Parmi les produits de l'industrie, nous en avons déjà remarqué plusieurs : les armes à feu et les armes blanches, la poudre, les maroquins et la monnaie. La fabrication de la monnaie de billon, est l'objet d'un monopole concédé par l'empereur à des individus qui inondent de flouz le pays, et l'appauvrissent par une production excessive, comme on détruit l'estomac par la surabondance des aliments. Les acquéreurs du monopole ne consultant que leur intérêt, donnent au Maroc une indigestion de monnaie de cuivre. Toutes les autres branches d'industrie sont au contraire arrêtées dans leur essor par les patentes et le contrecoup des lois et des mesures administratives qui paralysent le commerce : il y a solidarité entre les membres d'un même corps. Quand je parle d'essor, il n'entre pas dans ma pensée de supposer que l'industrie au Maroc puisse progresser par des inventions nouvelles ou le perfectionnement des procédés : je n'ai en vue que la quantité des produits. Les moyens mis en œuvre pour les obtenir resteront évidemment à l'état d'enfance et dans la stagnation où ils se trouvent depuis des milliers d'années chez les peuples momifiés par les fausses religions et enveloppés par les bandelettes de fer du despotisme. Le changement n'a lieu qu'au sens de l'abandon et de la décadence.

Les haïks se fabriquent sous toutes les tentes. C'est le tissu élémentaire antédiluvien, qu'il faut conserver à moins d'en revenir à la pagne ou à la ceinture de plumes ; ce que le climat ne comporte pas. Fez et Maroc fournissent les étoffes de soie brodées d'or, éternellement rayées, mais d'ailleurs belles et bonnes. Après vingt ans d'usage de ces robes relevées d'or en bosse et lourdes comme des chapes du moyen-âge, on les revend pour le tiers de leur valeur primitive, parce que l'or se remet au creuset. Les foulards, les haïks de femmes, les légers et vaporeux tissus de soie pure ; ceux où la soie est mêlée d'or et d'argent sont de gracieux souvenirs des vieilles industries d'Espagne et d'Orient. Les babouches de maroquin, les coussins et d'autres ouvrages brodés en fils des mêmes métaux, les plats de cuivre ouvragés et émaillés offrent souvent des ornements d'un beau style, et qui rappellent, par la pureté du dessin et la combinaison des lignes géométriques, les ornements et en particulier les enroulements gothiques du treizième siècle. J'en dirai autant des poteries en terre émaillée qui se fabriquent surtout à Fez. Mais il y a beaucoup de choix à faire parmi elles, si on veut trouver des dessins qui respirent cette pureté des formes anciennes. On appelle poteries fines au Maroc toutes celles qui sont vernissées ; elles sont en réalité pesantes et grossières ; la vivacité des couleurs et l'originalité quelquefois barbare des dessins qui les recouvrent en font tout le mérite. Vues de loin, elles produisent de l'effet, elles ont, comme on dit, un cachet ; il est dû aussi à leurs formes insolites. Les *azulejos* ou fragments de briques émaillées qui entrent dans le pavage des maisons et les décorations de l'architecture mauresque viennent principalement de Fez, de Tétuan et de Rabat. Les tapis sont fabriqués à peu près exclusivement dans les provinces de Chaouia, Cheadma, Haus, à Maroc, à Rabat et à Casa-Blanca. L'entrée en est prohibée par nos douanes avec une sévérité qui contrarie beaucoup les voyageurs. Le mérite de ces tapis consiste d'abord dans leur solidité et la bonté de la laine. Ils plaisent ensuite par les couleurs et les dessins. A voir comment les Arabes assortissent les couleurs et recherchent les teintes vives, j'ai toujours pensé que si leur religion n'avait pas interdit sottement la peinture, ils auraient été coloristes. On fait un peu de sparterie dans le Rif. A Tétuan, à Rabat et dans d'autres villes où celles-ci envoient leurs ouvriers, se tissent les nattes en jonc de marais que l'on étend comme des tapis ou qui s'appliquent aux murailles contre lesquelles on a coutume de s'asseoir. Le tisserand prépare les fils de la chaîne comme pour une toile ordinaire. Il passe ensuite, à la main dans ces fils, les brins de paille qui forment la trame. Souvent deux enfants glissent eux-mêmes ces fétus entre les fils, de manière que l'ouvrier n'a plus qu'à serrer le tissu. Le métier est posé horizontalement, à une faible élévation au-dessus du sol. On produit sur ces nattes des dessins variés, au moyens de joncs noirs et rouges, unis à ceux de couleur naturelle. Presque toujours vous y voyez une espèce de candélabre à cinq branches, qui représente une main, dans l'intention de l'ouvrier. Cette main est encore la main préservatrice du mauvais œil, que l'on redoute si fort dans tout le midi, chrétien ou musulman, et que l'on y redoute depuis si longtemps ; car déjà Ménalque disait à Damète :

Nescio quis teneros oculus mihi fascinat agnos.

« Je ne sais quel œil jette un sort à mes tendres agneaux. »

Les fabricants de meubles de Tétuan se distinguent par leur talent à façonner et à peindre les étagères, les porte-manteaux, les tables basses et polygonales pour prendre le thé. Ils fixent sur le bois l'or en feuilles et des couleurs aussi éclatantes qu'inaltérables. Les arabesques, les arcatures et les moulures de ces meubles ont parfois des analogies intéressantes avec les modèles de l'architecture mauresque la plus fleurie.

En visitant l'intérieur des maisons juives et musulmanes, on rencontre fréquemment des objets fort recherchés aujourd'hui en Europe et qui proviennent des captures faites autrefois par les pirates sur les navires chrétiens : des meubles sculptés, incrustés de nacre ou d'écaille, des glaces de Venise, etc. Il est vrai que le commerce en a aussi apporté une partie.

Somme toute, l'industrie quoiqu'en décadence, et le sol du Maroc, bien que négligé, offrent des ressources qu'un bon gouvernement développerait dans de larges proportions. Mais on a vu qu'Abd-er-Rahman au contraire, travaille à les anéantir, en décourageant les hommes et en les ruinant, en accablant le commerce par les prohibitions et les monopoles à l'importation ou à l'exportation. Prohibitions sur la laine et les céréales ; monopoles sur les sucres, les cafés, les thés, le soufre, la cochenille, le tabac et la poudre ; sur les sangsues, l'écorce à tan, l'alpiste, les ceintures de laine, la terre savonneuse, le kif, les cuirs, le henné, le savon, etc. Depuis quelques années, l'importation a diminué d'un tiers et l'exportation peut-être des deux tiers, sous l'influence de ces mesures inintelligentes, aggravées par les restrictions commerciales, qui ôtent à l'indigène la faculté d'aller vendre ou bon lui semble, et par les droits de douanes mobiles, imprévus, exagérés. En 1840, la somme des échanges de la France avec le Maroc s'élevait à plus de dix millions dans l'année. Elle n'atteint pas aujourd'hui quatre millions.

Outre les réglements généraux par lesquels le chérif entrave ou tue le commerce, nous devons révéler sa manière d'agir envers un grand nombre de négociants qui contractent avec lui des engagements individuels, dont les conséquences dernières sont des plus funestes. Il leur prête de l'argent sans intérêts ; il n'exige pas d'eux qu'ils remboursent immédiatement la douane pour des marchandises importées ou exportées, il leur fait des remises d'impôts ; mais pourquoi ces crédits, ces faveurs ? Est-ce pour venir réellement en aide à ces négociants ? Nullement. C'est pour les avoir à sa discrétion ; les empêcher de crier, quand il les frappe de contributions excessives, extraordinaires. Il dissimule son système de rapines envers tous, sous des couleurs de générosité envers quelques-uns, et quand il a muselé ainsi les personnages les plus influents, il a moins à craindre les doléances de la foule.

L'exportation des produits marocains dans la province d'Oran se fait principalement par Fez, Taza et Ouchda. Fez fabriquant les objets convenables pour le marché de l'Algérie. Ce mouvement commercial doit s'élever à un chiffre considérable. La caravane d'automne, composée, en 1858, de quatre cent cinquante bêtes de charge, valait plus de 300,000 francs : car, chaque bête, en la supposant chargée de babouches, c'est-à-dire de l'article à meilleur marché, portait au minimum 750 francs, représenté par trois cents paires de babouches. Les autres articles sont les haïks en soie pure; soie et laine; laine et coton, soie, laine et coton.

Les foulards de soie pure; de soie, or et argent.

Les tissus de soie et or, dont les juives s'enveloppent la tête et qu'elles nomment, si je ne me trompe, *oukaïa* au Maroc et en Algérie.

La soie à coudre, floche et teinte de diverses couleurs pour les Arabes.

Les ceintures en soie, soie et or, or et argent, soie et laine; laine et coton.

Les cordons en soie pour soutenir les yatagans, cordons soie et laine, ou laine pure pour les Arabes pauvres.

Tissus de coton, dits *foula* de Fez, pour négresses et pour mauresques à l'intérieur des maisons.

Tapis en pure laine.

Beaucoup de bracelets de mains et de pieds, *debaleche* et *khalkhal*, en or et en argent.

L'argent vient des piastres à colonnes, et l'or, du Soudan: cet or est plus fin que celui des bijoux d'Europe.

Les poteries de Fez.

Les azulejos ou *zelaïdj*, carreaux de faïence peinte.

Les parfums, entr'autres le bois de santal, dit *doud-el-komari* et qui en brûlant répand une odeur semblable aux parfums mélangés du musc, du citron et de la rose.

Des gommes odoriférantes ou encens.

Le *takahout*, teinture noire de Tafilet, provenant d'une gale de la Mimosa.

La terre saponaire ou ghaçoul; on l'envoie par mer au naturel; il serait trop lourd en cet état pour la caravane; on le purifie donc et on le lave à l'eau de rose.

Le koheul ou antimoine pour noircir les cils et animer l'œil.

Le henné, qui sert à la teinture et à la toilette.

Des habillements confectionnés en drap, que l'on passe en partie par contrebande.

Nos relations commerciales avec le Maroc, par la frontière de la province d'Oran, ne sont donc pas sans importance. Elles s'accroîtront sensiblement du jour où les réformes que nous souhaitons à l'empire des chérifs viendraient à se réaliser. Peu à peu, elles reprendraient, puis dépasseraient le niveau qu'elles avaient atteint avec la régence d'Alger et le royaume de Tlemcen, lorsque la grande caravane de Fez dirigeait les pèlerins du Magreb à la Mekke, par le littoral de la Méditerranée. Notre conquête et la facilité des transports par mer du Maroc en Egypte, ont désorganisé cette caravane, qui se ramifiait dans la régence d'Alger, pour y faire plus avantageusement l'échange de ses marchandises contre des provisions de bouche, des bêtes de charge ou de l'argent, et convergeait ensuite sur Tunis, par Constantine ou Biskra, pour continuer sa marche vers Tripoli et le grand Caire.

Les relations par caravanes se maintiennent encore avec l'intérieur de l'Afrique, avec Tombouctou et le Soudan, les grandes tribus du Beled-Mouselmin et des Aribs, les Touaregs et la Nigritie ou la Guinée, Beled-el-Gnaoua : J'emploie ici les dénominations usitées aujourd'hui au Maroc.

L'étendue de ces rapports commerciaux, leur régularité et leur ancienneté justifient l'idée que j'ai rapidement énoncée au commencement de ce travail, en disant que le Maroc est pour l'Europe la principale porte de l'Afrique centrale, porte fermée par la barbarie musulmane et qu'il s'agit d'ouvrir. On conçoit très bien les avantages qu'il possède sur tout le reste de la Barbarie pour pénétrer au pays des noirs.

Dans l'Algérie, les régences de Tunis et de Tripoli, la limite du Tel s'avance beaucoup moins vers le Sud ; elle est bien plus éloignée de Tombouctou que la partie méridionale du Maroc. Le Fezzan se développe, il est vrai, plus au Sud que le Sous et le Tafilet ; mais d'abord il est lui-même difficile à atteindre pour les caravanes du Nord qui doivent traverser le Djerid tripolitain ; ensuite, la région dont il fait partie n'est point comparable au Maroc pour la richesse et la convenance des produits que demande le Soudan. Et enfin, serait-il dans des conditions aussi favorables que le Maroc, il ne se rattacherait encore qu'au Soudan oriental, et laisserait au Couchant un assez vaste champ pour l'écoulement des produits marocains et le commerce d'échange. Grâce au Maroc, l'Afrique intérieure a pu se passer de l'Algérie et renoncer aux anciens marchés de la Régence. Elle s'est restreinte aux routes bifurquées vers Ghadamès et le Sous-el-Acsa. Mais supposez ce dernier entre les mains des Européens, il semble qu'aucune évolution ne pourrait dispenser l'Afrique intérieure de nouer des relations directes avec nous.

En conséquence d'informations prises auprès de personnes intéressées dans le commerce du Soudan et en rapport avec des marchands qui ont suivi des caravanes, nous donnerons quelques détails sur ces expéditions commerciales dont nous avons tant de peine à suivre la marche, auxquelles nous avons plus de peine encore à nous associer et qu'il serait si désirable d'attirer à nous. Ce n'est pas seulement l'intérêt matériel qui nous anime, mais les aspirations plus hautes du sentiment religieux et de l'amour de la science. Par ces expéditions, l'islamisme a conquis, depuis peu, des millions de sectateurs, et, mourant près de nous, il renaît tous les jours en se propageant dans les profondeurs de l'Afrique centrale où il s'infiltre avec le commerce. Le christianisme devra, là aussi, dans un siècle à venir, compter avec lui

Il part annuellement du Maroc trois grandes caravanes pour le Sud. Elles sont estimées ensemble de trois à quatre millions. Le chameau ne porte au départ que cent kilogrammes. Je m'abstiens de décrire l'organisation et la marche de ces associations voyageuses, les incidents qui rompent la monotonie de la route, les périls, la poésie des traversées du désert. MM. Daumas et Thomassy satisferaient à cet égard la curiosité du lecteur. Mais il est facile aux Algériens qui ont voyagé avec les grands convois de ravitaillement dans le Sud ou avec les tribus errantes du Zab et des Oulad Naïl, d'imaginer le caractère de la marche et du campement des caravanes dans les circonstances ordinaires. Je n'oublierai jamais cette procession tantôt silencieuse et tantôt bruyante ; troublée par la chute ou la fuite des chameaux ombrageux; animée par le cavalier qui improvise une fantasia ou par la gazelle qui détale à l'approche du bruit; resserrée et embarrassée dans les tenia des montagnes, développée dans les plaines et s'avançant de loin comme une vague lente et majestueuse, selon l'expression de l'écriture : *Inundatio camelorum operiet te,* Isaïe, 60.

Les caravanes du Maroc se mettent en route à la fin de l'hiver. Celle de Fez est plus spécialement destinée pour le Soudan. A une certaine hauteur dans le Sahara, elle se partage en plusieurs branches. Au retour, elle traverse les Changguis, les Touaregs, les Aribs et le Tafilet. Les deux autres caravanes qui ont leur point de départ à Maroc et à Taroudant, vont se joindre à la grande caravane de l'Oued-Noun, actuellement dirigée par le cheïkh Berouk, qui commande aux quarante tribus du Sous, indépendantes et confédérées. Elles s'éloignent, en marchant à l'Ouest de la caravane de Fez, et, au retour, se rapprochent encore plus de l'Océan, pour jouir un peu de la brise de mer, contre le soleil d'automne.

Ces caravanes importent dans l'Afrique intérieure des cotonnades ; des draps anglais, légers, de couleur vive ; des articles soie, laine et coton de Fez ; de fausses perles et des grains de verre, colorés de Venise ; du corail fin d'Italie ; des clous de girofle qui doivent être gros et forts pour colliers ; des épices, un peu de sucre ; de la poudre et des armes blanches et à feu ; du tabac ; du sel que l'on prend sur le chemin, car il y en a dans plusieurs oasis et dans le Sahara méridional, à Toudéïni, à Tichit, à Chingarin ; de la quincaillerie d'Europe et surtout d'Angleterre, en grande quantité. L'Allemagne fournit des miroirs œils-de-bœuf, et les couteaux genouillés à gros manche ; la Hollande envoie des hachettes : le Tyrol, ses boîtes peintes et légères qui se mettent l'une dans l'autre. La France est loin de donner sa quote-part, en proportion du rang qu'elle occupe en Europe.

Les marchandises apportées par ces caravanes, dont le voyage n'est qu'une foire ambulante et qui déballe à chaque station importante, se troquent çà et là contre des gommes, des nègres, de la poudre d'or, des plumes et des œufs d'autruche, de l'ivoire, du séné et des drogues, de la bijouterie en or de Nigritie, de la cire, des meharis, et, m'a-t-on dit, quelques tissus dont j'ai vu des échantillons qui ressemblent fort aux anciennes guipures où le fil s'enroule autour de fines lanières de parchemin. Mais l'authenticité de ces tissus m'a paru suspecte. Les saïz d'étoffe noire dont les femmes ornent leur tête, viennent plus sûrement du pays des nègres.

Reprenons quelques-uns de ces articles. Les gommes importées au Maroc par les caravanes, sont une espèce de gomme adragante et la gomme blanche du Sénégal. La poudre d'or arrive par quantités considérables ; mais une bonne partie s'introduit en contrebande, parce que le gouvernement s'en empare et ne la paie pas à sa valeur. Le marchand y perd environ 15 p. 0/0. Les feuilles de séné, dites *snaharan*, proviennent de plusieurs espèces de casses, et sont un purgatif estimé des Arabes. Mais depuis que le purgatif désigné sous le nom de médecine noire, n'a plus autant de cours en Europe, le séné qui y entrait pour une certaine dose, n'est plus recherché ; le Maroc nous en fournit peu et laisse tomber la formule : passe-moi la rhubarbe... Beaucoup d'autres drogues abandonnées par l'Europe ont gardé leur valeur en Afrique et sont un objet de commerce pour les caravanes. Les bézoards, par exemple, dont le crédit si extraordinaire autrefois est nul maintenant, font encore des miracles au Maroc. Qui tient en sa possession un bézoard, brave les poisons et mille maladies. Aussi cette concrétion se vend fort cher. Le bézoard de girafe coûte au moins 300 francs l'once.

Les bijoux d'or du Soudan et du Bled el Gnaoua ne s'arrêtent pas tous en Afrique ; il en passe en Europe et même en Orient : ce sont des anneaux, des bracelets, etc. La personne qui me donnait ce détail en expédiait alors même pour une somme de 6,000 francs à Livourne.

Régulièrement le bénéfice des caravanes se calcule à quatre cents pour cent. Le chameau qui part avec 150 francs doit revenir avec 600 francs. C'est un énorme gain ; mais au prix de quelles fatigues, de quels dangers, de quelles privations n'est-il pas obtenu !

L'empereur ne s'occupe des caravanes que pour percevoir à la sortie 25 francs par chameau chargé de marchandises. A l'importation, il s'adjuge le vingtième sur les esclaves et le dixième sur les marchandises d'un autre nature.

Pour terminer cette note sur les caravanes, je ferai observer que le Maroc mérite d'être apprécié, non seulement par ses richesses propres, mais encore sous le rapport du transit pour notre commerce. Et quoi qu'on y importe par les régions sahariennes des articles qui n'ont pas une grande valeur chez nous, il en est assez d'autres que nous pouvons désirer et envier. N'oublions pas que le Sénégal nous appartient et ne perdons pas de vue que les caravanes de l'Oued-Noun s'y rendent en un mois, sous la conduite des Tajakkants et des Ida, qui peuplent le Sahara occidental. Pourquoi ne pas viser à la réalisation d'un grand plan qui réunirait dans nos mains les fils des relations commerciales, entre les divers points de cette corne de l'Afrique ? Il ne faut pas trop se hâter sans doute ; mais il faut prévoir et agir.

Les esclaves sont un des principaux articles d'importation par les caravanes. Il me semble utile de le suivre à destination : c'est une étude de mœurs qui touche à des questions fort débattues en ce moment. L'introduction des esclaves

noirs au Maroc a sensiblement diminué depuis quelques années. Cela tient sans doute à un état de paix au sein de
l'Afrique centrale, plutôt qu'à l'influence des missionnaires
abolitionnistes encore peu avancés dans leur entreprise. Les
causes qui multiplient les esclaves et en abaissent le prix
sont d'ailleurs nombreuses et variables. Quoi qu'il en soit de
celles qui règnent aujourd'hui, le nombre des esclaves impor-
tés au Magreb, ne s'élève guère qu'à trois mille par an ; il y
a trois ans, il a monté accidentellement beaucoup plus haut.
Sur la quantité, une partie meurt de la nostalgie en peu de
temps, et le reste dispersé dans l'empire n'en augmente que
d'une manière insignifiante la population, soumise d'autre
part à bien des causes d'amoindrissement.

On importe de préférence les jeunes nègres et surtout les
jeunes négresses de huit à dix ans. L'empereur à l'arrivée au
Maroc retient pour lui un esclave sur vingt. De plus, il achète
le premier cet article et il en fixe arbitrairement le prix Afin
de ne pas subir les conséquences naturelles de cette dernière
mesure qui tend à déprécier les esclaves, le marchand ne
les met pas immédiatement en vente. Il consacre quelque
temps à les engraisser, à leur apprendre les mots arabes ou
berbers les plus usuels. Il ne les maltraite pas ; il combat
au contraire par les bons procédés la nostalgie et les autres
maladies déterminées par l'amour de la famille et de la patrie absente, par le changement de régime et de climat. D'a-
bord tristes et abattus, les esclaves acceptent pleinement ensuite leur condition nouvelle et ils embrassent sans difficulté
le mahométisme; sauf à y mêler toutes les superstitions ima-
ginables. Un des moyens les plus efficaces que l'on emploie
pour les guérir du mal du pays, c'est la musique. Quelle musique, juste ciel ! Mais on ne dispute pas des goûts, et de
tous les sens l'oreille est celui qui a le plus besoin d'éducation. Vite donc ! les *senoudj* ou castagnettes de fer, la *ghaïta*
ou le hautbois, plus perçant qu'une clarinette d'aveugle, le
guemeri ou guitare à deux cordes, le *rebab* ou violon égale-

ment à deux cordes, les *thabl* enfin ou tambours de toutes dimensions. Plus le tapage est infernal, mieux la figure du sauvage s'épanouit. Souvent néanmoins la nature est plus forte que l'art et l'on voit une preuve de cette parole de l'Ecriture « *Musica in luctu importuna narratio*, la musique aux gens en deuil et comme un discours à contre-temps. » Peut-être la bienfaisante influence de la musique sur les jeunes noirs amenés en esclavage leur inspire-t-elle une sorte de reconnaissance instinctive et la vocation artistique à laquelle un si grand nombre d'entre eux se vouent dans la suite.

Un peu d'éducation donne beaucoup plus de valeur à l'esclave.

Le garçon de huit ou dix ans qui arrive, ne sachant rien et soumis aux chances multipliées de maladie et de mort, ne se vend guère qu'une quinzaine de ducats ou une trentaine de francs. Les filles coûtent le double. Dans les mêmes conditions, un homme de vingt à vingt-cinq ans est estimé de 60 à 70 ducats. Une femme de dix-huit à vingt ans vaut de 70 à 80 ducats. Elle s'achète plus cher si elle n'a point encore accouché. Les négresses introduites au Maroc depuis un certain temps, qui savent parler un peu et faire quelque chose valent jusqu'à 200 ducats. Mais le nègre estimé 120 ducats est un esclave de choix. Les vieux valent 50, 60 francs ou davantage, selon le parti que l'acquéreur en peut encore tirer.

Les principaux marchés d'esclaves sont à Maroc, à Fez et à Mogador. Mais on en vend à l'enchère dans toutes les villes. Un crieur précède l'esclave en disant : *mamelouk ! mamelouk !* Un amateur se présente ; il peut inspecter l'esclave. Toutefois, selon Sidi Khelil, « l'acheteur serait blâmable de découvrir la poitrine ou les jambes de celui qu'il marchande. » Si donc il a des doutes sur ce qui est caché, on entre dans une maison. Le nègre est parfaitement indifférent sur tout cela ; car si l'oncle Tom n'existe pas en Amérique, il existe encore moins en Afrique.

Généralement l'esclave sert à la maison ; rarement comme fellah. Les usages et la loi musulmane rendent son sort assez doux. Il est regrettable que les esclaves chrétiens n'aient pas joui du bénéfice de cette législation et qu'à titre de mécréants ils soient restés à la discrétion du maître. A sa mort, un propriétaire donne souvent la liberté à son esclave pour accomplir une œuvre pie. Celui-ci marche en tête du convoi funèbre ; il porte à la main un roseau en travers duquel est placée la lettre d'affranchissement. Cette pièce d'ordinaire, contient en outre un legs qui lui permet de vivre en attendant qu'il ait trouvé le moyen de pourvoir à sa subsistance. Ou bien la famille du défunt vient en aide à l'affranchi et celui-ci continue à donner le titre de *moulé*, maître, seigneur, aux membres qui la composent.

M. Grâbert de Hemsö a été induit en erreur (*Specchio di Marocco*, p. 92) lorsqu'il a cru que Moulé Soliman avait aboli l'esclavage dans l'empire et déclaré qu'en mettant le pied sur son territoire tout esclave devenait libre.

Pour envisager sous tous ses aspects l'état de ruine où le Maroc s'en va mourant, il faut jeter un coup-d'œil sur la situation des écoles, sur les sciences et les arts. Les Maures parlent encore avec un certain enthousiasme des écoles de Maroc et surtout de Fez, et ils paraissent croire que ces deux centres intellectuels réunissent des grammairiens, des historiens et des légistes distingués. Il est possible que l'ignorance dans laquelle les Marocains sont généralement ensevelis grandisse à leurs yeux les taleb qui ont quelque teinture des lettres. Je crois même volontiers qu'il se rencontre dans telle ou telle mdersa un homme d'un esprit subtil, d'une mémoire étonnante; mais un savant, c'est autre chose. La science ne fleurit pas sous le double et séculaire despotisme d'une religion aveugle et d'une royauté qui pousse la tyrannie à ses dernières limites. Je dis d'une religion aveugle ; car les imams avouent au Maroc comme en Algérie que la foi musulmane peut être en contradiction réelle avec la droite raison.

sans cesse pour cela d'être divine et indispensable au salut.
Ils confessent encore que la loi musulmane, sous tous les
rapports, est absolument fixée, immobile, invariable, incom-
patible avec l'idée de développement et de progrès. Ces deux
principes entièrement opposés à la théologie chrétienne étouf-
fent l'intelligence et condamnent la science à mort au sein
de l'islamisme.

Nous ne pensons pas qu'il y ait au Maroc de vestiges importants de ses anciennes écoles et de ses bibliothèques si
vantées dans le monde savant. La décadence date de trop
loin. Dès la fin du douzième siècle, Ibn Rochd (Averrhoës),
pour avoir exprimé trop librement sa pensée, était condamné
a recevoir sur le visage, à la porte d'une mosquée les cra-
chats des passants. Mort à Maroc, l'an 595 de l'hégire, il ne
pouvait guère avoir de successeur. Sous les mérinides et les
chérifs, les souvenirs de la grandeur des Almoravides et des
Almohades s'évanouissent de plus en plus. En 1540, Clénard
vit encore de beaux restes des vieilles académies de Fez ;
et Erpenius, en 1613, apprenait de témoins oculaires, qu'une
bibliothèque de cette capitale renfermait à cette époque
trente deux mille volumes. On les chercherait vainement aujourd'hui. En 1760, le sultan Sidi Mohammed fit distribuer aux
cadis de l'empire les livres de la mosquée *Ek Karoubin*, où
l'on disait être les livres perdus de Tite-Live et d'autres auteurs grecs et latins. Le peu qui restait, si on excepte quelques volumes à l'usage des jurisconsultes, fut dispersé sous
Moulé Soliman, peu après son élévation au trône. Badia y
Leblich, autrement dit Ali Bey el Abassi, constatait au commencement de ce siècle, que ces dépôts scientifiques sont à
peu près vides et ces foyers intellectuels éteints.

Les écoles d'instruction primaire établies dans les zaouias
ne sont pas au-dessus de celles de l'Algérie. L'éducation y
est gratuite ou du moins les pauvres ne la payent pas et les
riches donnent d'une à deux mouzouna, de 7 à 15 centimes par semaine : elle vaut ce qu'elle coûte. Les écoles de

Fez fournissent des taleb qui, pour vivre, vont enseigner en Algérie et à Tunis dans les riches familles.

En dehors du cercle de l'instruction primaire et de la science des légistes, on ne voit briller aucune lumière. Au pays d'Aboul Hassan, qui, à l'aurore du treizième siècle, relevait la hauteur du pôle dans quarante et une villes de l'Afrique septentrionale, l'astronomie n'est plus qu'une astrologie inepte à l'usage des tireurs d'horoscope; au pays d'Averrhoès, la médecine est réduite à un empirisme de vieilles femmes et de charlatans qui-tuent le malade ou le sauvent par hasard, et aux gris-gris et talismans dont les marabouts font un commerce des plus lucratifs. Dans la patrie d'Edrisi, dans la patrie adoptive de Jean Léon El Fasi, on ne soupçonne pas les forces de l'Europe, on ne sait pas les noms de ses capitales, ni des nations qui la partagent. Là où Abd-er-Rahman Ibn Khaldoun méditait ses *Prolégomènes* et réunissait les matériaux de son *Histoire des Berbers*, il n'y a plus que des rapsodes occupés sur les places publiques à stupéfier le vulgaire au récit de miracles ébouriffants et d'exploits controuvés. A la mdersa Emchia de Maroc, font une avantageuse concurrence les professeurs de science occulte, les nécromans et les sorciers du Sous qui enseignent l'art de trouver les trésors.

Où sont les héritiers des habiles constructeurs que les Yousouf, les Yacoub el Mansour avaient appelés d'Andalousie ? Quel architecte au Magreb élèverait les giraldas de Maroc et de Séville ? Un trait significatif nous répondra : L'empereur actuel voulant, il y a une vingtaine d'années, restaurer les grandes portes à colonnes et à ogives de ses palais de Fez et de Mequinez, ne trouva personne autour de lui qui pût entreprendre cet ouvrage. Il dut prier le gouverneur de Gibraltar de lui envoyer des hommes à la hauteur de cette mission. Les deux artistes qui s'en acquittèrent, furent le portugais Francisco de Paula et son camarade José. Ils exercent encore à Tanger le métier de maçon.

Je ne parle que pour mémoire des écoles rabbiniques de

Maroc, Fez et Tétuan. On s'y applique à l'étude exclusive du Talmud, qui n'est pas meilleure que celle du Coran. Là, on apprend aussi la haine du chrétien, mais, de plus, à le dépouiller hypocritement, lorsque l'on ne peut pas faire mieux : car Maïmonides, au commentaire de la *Mishna* de Sanhédrin, chap. X, ajoute aux treize articles du symbole des rabbins, cette éloquente conclusion : « Si quelqu'un est assez pervers pour nier un de ces articles de foi, il est hors de la communion d'Israël, et c'est un précepte, une bonne œuvre, *umitzva*, de le détester et de l'exterminer. » On est assez savant, quand on sait cela. Mais nous aimons à croire que les israélites valent mieux que le Talmud, comme beaucoup de musulmans valent mieux que le Coran.

Les écoles rabbiniques du Maroc envoient des rabbins à Gibraltar, en Portugal, à la Terre-Sainte. Car, il se fait annuellement une émigration de plusieurs centaines de familles juives, selon que le gouvernement marocain veut bien leur permettre de sortir du royaume. Des rabbins s'en vont avec elles, et importent dans les synagogues d'Europe, d'Angleterre et surtout de Portugal, ces belles copies du Pentateuque (sepher) que les calligraphes expédient d'ailleurs par les voies ordinaires du commerce.

Pour en revenir à la décadence générale du Maroc, il n'y a pas d'espoir que les musulmans s'y relèvent, sous l'influence de ceux qui ont voyagé en Europe. *Aures habent et non audient, oculos habent et non videbunt* : on compterait bien peu d'exceptions. Au dernier siècle, Ahmed ben el Mehedi el Ghazal, de Fez, écrivit son voyage à Madrid, et Sid Mohammed ben Othman, ceux qu'il fit à Vienne et à Naples. Mais les observations de ces deux ambassadeurs restent sans conclusions pratiques. Sur trois mille cinq cents à quatre mille Marocains qui sortent chaque année de leur pays, quatre ou cinq cents vont en Europe et les autres à la Mekke, d'où ils reviennent plus brutes et plus fanatiques qu'auparavant. Ceux qui, par suite de leurs affaires demeurent quelques années en Europe n'en rapportent que des vices, comme l'ivrognerie, et ne se distinguent que par moins d'honnèteté dans les relations commerciales. Sans doute, ils s'étonnent au spectacle de nos chemins de fer de nos usines à vapeur, de nos grandes fabriques, et de tout ce qui fait éclater le côté matériel de notre civilisation ; mais, pour emprunter une comparaison de Luther, ils regardent tout cela comme une vache regarde une porte neuve (*sic*), sans penser, sans comprendre, sans conclure. Ont-ils appris une langue européenne? rentrés dans leur pays, ils n'ont garde de la parler et se hâtent de l'oublier. Ils sont donc loin de profiter de ces voyages pour donner de bons conseils à leur gouvernement. Du reste, ils ne voyagent pas dans un but de progrès : ils s'en tiennent aux affaires.

Faut-il croire, en conséquence, qu'il n'y a pas d'amélioration possible au Maroc? et ce grand pays est-il voué sans retour à la barbarie et aux souffrances dont nous avons tracé le tableau? Aucune intervention n'est-elle donc capable de lui préparer un meilleur avenir!

Le souverain actuel est trop vieux pour qu'on espère le convertir à des idées plus sages. Ce que les premières puissances seraient à même d'obtenir facilement de lui, si elles se donnaient la peine de l'exiger, c'est la levée d'une partie des obstacles qui affligent le commerce. Mais la mollesse avec laquelle on agit envers Abd er-Rahman, la patience avec laquelle on tolère les retards qu'il apporte à l'exécution des traités, nous font croire que les cabinets d'Europe sont décidés à le laisser mourir en paix et à ne pas provoquer aujourd'hui des réformes insignifiantes, se réservant d'imposer à son successeur une autre conduite et l'application des mesures que la civilisation a le droit de réclamer.

Plusieurs questions se dressent donc devant nous; et celle-ci d'abord : Quel sera l'héritier d'Abd er-Rahman?

Mohammed, l'aîné de ses fils, est désigné pour lui succéder. Mais nul ne pourrait dire que cet évènement aura lieu sans troubles dans l'empire et sans contestations redoutables. En effet, les choses ne se passent pas ainsi d'ordinaire au Maroc. En outre Mohammed n'est pas généralement aimé. Fez n'en veut pas, et nous ne serions pas surpris de voir plusieurs concurrents se lever contre lui au moment où son père rendra le dernier soupir. M. Hay, le consul d'Angleterre à Tanger, soutient Mohammed ; et nous avons dit pourquoi, en faisant connaître les dispositions de ce prince envers la France. L'habile diplomate se proposait, il y a quelques mois, si nous sommes bien informés, de se rendre auprès de l'empereur, soi-disant pour revoir avec lui le traité de 1857 entre l'Angleterre et le Maroc. N'est-ce pas plutôt, comme on le croyait à Fez, pour amener l'empereur à une abdication, et en vue de faire accepter Sidi-Mohammed par les habitants de cette ville ? Le traité de commerce 1856-57 a été signé pour une période de cinq ans qui n'est pas écoulée (1) ; et M. Hay, qui a débattu et conclu ce traité avec Khetib, sans se déranger, ne peut-il pas le revoir de même ? Quoi qu'il en soit, l'affaire de l'avènement de Mohammed au trône est une de celles qui doivent vivement préoccuper notre diplomatie.

Quant aux prétendants que Mohammed pourrait avoir à craindre, ce sont principalement les chérifs, ses cousins, issus-germains, petits-fils de Moulê-Sliman. Je ne me hasarde pas à en écrire les noms ; je crains que mes renseignements ne soient pas exacts ; il y a confusion et contradiction entre eux et les documents imprimés que j'ai entre les mains. La Revue des Deux-Mondes, dans un article publié en 1844, par M. X. Durrieu, nous dit que Soliman eut vingt-sept fils, dont il ne restait plus que trois à cette époque : Muley Ali, Muley Hacen et Muley Giaffar. Et Calderon, sur lequel M. Durrieu base pourtant son travail, affirme précisément le contraire,

(1) Art. XIV. It is agreed that at any time after the expiration of *five years* from the date of the exchange of the ratifications of the present convention of commerce and navigation, either of the high contracting parties shall have the right to call upon the other to enter upon a revision of the same.

c'est-à-dire que ces trois fils de Soliman sont morts et qu'il n'en a pas eu d'autres (1).

Pour plus de sûreté dans nos assertions, bornons-nous donc à dire que l'ancien parti de la famille de Soliman, contre lequel Abd-er-Rahman lutta si longtemps, n'est pas mort aujourd'hui. Les chérifs qui le représentent et qui sont relégués à Tafilet, pourraient bien, à une heure favorable, paraître sur la scène. On cite parmi eux Moulê Tibi qui, vers 1829, souleva plusieurs provinces, fut proclamé sultan et soutint un siège dans Azemmour qu'il avait choisie pour capitale ; il reçut l'aman à la condition qu'il se retirerait à Tafilet. S'il vit encore, il doit être vieux : mais il a des fils. On cite encore ceux de Moulê Yashid ou Yézid qui ont excité une révolte, il y a trois ans, dans Tafilet, et qui se sont battus comme des lions. Ces chérifs, inconnus en Europe, doivent détester Abd-er-Rahman et les siens ; car la situation dans laquelle ils se trouvent est une sorte de prison et d'exil. L'intérieur de l'empire leur est fermé. S'ils veulent quitter la ville ou la province qui leur est assignée comme séjour obligé, il faut qu'ils en obtiennent la permission du sultan. C'est ainsi qu'ils viennent en pélerinage aux principaux sanctuaires, à Moulê-Edris de Fez, à Moulê-bou-Selam près de Larache, ou sur la montagne au Sud-Est de Tétuan, à Sidi-Abd-es-Selam. Quelles que soient leurs dispositions actuelles, on essaierait utilement, dans le cas de graves difficultés avec la branche régnante, de susciter contre elle un chérif du Tafilet. Il obtiendrait probablement l'appui du Sous et des Berbers, toujours prêts à rompre la monotonie de l'existence par la guerre et le pillage. Entre les personnages importants du Maroc dont nous avons parlé précédemment, il en est encore qui pourraient tenir tête à Mohammed, tels

(1) Muley Suleiman no dejo sino tres hijos de esclavas negras... Estos tres hijos se llamaban Muley Ali el primero, el segundo Muley Giaffar y el tercero Muley Hacen, de los cuales ninguno existe en el dia.

sont le chef de la famille El-Oud-Dihi ou des Oudaïas, et le chérif d'Ouazzan. Ce dernier désire visiter Paris. Un tel dessein mériterait, ce nous semble, le concours empressé de notre diplomatie.

L'avènement paisible de Mohammed au trône n'est donc pas assuré. Le meilleur moyen qu'il ait de se prémunir contre les éventualités qui le menacent, c'est de se concilier l'amitié de la France et de l'Angleterre. Il se rattacherait en même temps toute la partie de la population marocaine qui veut des relations avec l'Europe, c'est-à-dire la liberté du commerce. Et comment se compose cette fraction ? Elle réunit d'abord la majorité de la population des villes maritimes, que le commerce peut seul rendre florissantes ; elle compte de plus les grandes villes industrieuses qui nous demandent des matières premières sans lesquelles la fabrication languit et ne produit qu'à des prix rebutants pour le commerce intérieur.

L'héritier d'Abd er-Rahman, Mohammed ou un autre, aura dans tous les cas intérêt à se ménager l'appui moral sinon le concours matériel des puissances européennes. Il y a lieu conséquemment d'espérer que la diplomatie demandera et obtiendra de lui, sans tarder, les mesures que la civilisation réclame. Quelles sont ces mesures ? Nous prendrons la liberté d'exposer humblement notre opinion à cet égard, ou, si l'on aime mieux, nos vœux et nos désirs ; car ce serait peut-être présomption d'avoir ici une opinion sans être initié aux affaires des gouvernements.

I. Le renouvellement des traités. En ce qui concerne la France, elle en est au traité du 10 septembre 1844, dont l'article 7 est ainsi conçu : « Les hautes parties contractantes s'engagent à procéder, de bon accord et le plus promptement possible, à la conclusion d'un nouveau traité qui, basé sur les traités actuellement en vigueur, aura pour but de les consolider et de les compléter, dans l'intérêt des relations commerciales et politiques des deux empires.

« En attendant, les anciens traités seront scrupuleusement respectés, et la France jouira, en tout chose et en toute occasion, du traitement de la nation la plus favorisée. »

Nous sommes ainsi reportés jusqu'au traité conclu le 28 mai 1767, entre Louis XV et Sidi Mohammed et dont les dispositions ne répondent pas suffisamment aux besoins de notre temps. Il est vrai que la dernière clause de l'article 7 du traité de 1844, nous donne le droit de revendiquer les concessions faites aux Anglais par les traités d'alliance et de commerce, 1856—57 ; mais les intérêts des Anglais ne se confondent pas avec les nôtres, par exemple en matière de commerce, et une convention particulière est indispensable pour la garantie de nos intérêts purement français.

II. La liberté de la religion chrétienne, au moins dans l'exercice du culte. L'article 11 du traité de 1767, porte : « Les consuls pourrront avoir leurs églises dans leurs maisons pour y faire l'office divin ; et si quelqu'un des autres nations chrétiennes voulait y assister, on ne pourra y mettre obstacle ni empêchement. » Le dernier traité anglais va plus loin ; il énonce en principe la liberté de l'exercice du culte partout où il plaira aux sujets ou marchands anglais de s'établir au Maroc : « *They shall be free to exercise the rites of their own religion, without any interference or hinderance, and to have a burial place for their head.* » Il ne s'agit pas ici d'un culte célébré absolument à huis-clos et comme dans une officine de faux monnayeurs. En interprétant les termes de la clause dans le sens le plus large, on mettrait les chrétiens du Maroc dans les conditions de ceux qui habitent la Tunisie, l'Egypte, l'Empire ottoman, et c'est là ce que nous demandons. Il n'y a pas à soulever là question de prédication et de prosélytisme.

III. La liberté pour les Européens de voyager et de résider à l'intérieur du pays. J'ai cité précédemment l'article du traité anglais qui consacre cette liberté pour les sujets de la Grande-Bretagne. Mais on a vu aussi, que le voyageur est

chargé de pourvoir lui-même et à grands frais, à sa propre
sûreté. Or, il ne devrait pas en être ainsi. Le gouvernement
marocain est obligé de maintenir la sécurité des routes ou
de pourvoir à ses frais à la protection individuelle des étrangers. Il faudrait donc que les dépenses d'escorte et de protection fussent à la charge des pachas. Autrement la liberté
stipulée dans les conventions est un mensonge, et le gouvernement marocain ne se sent nullement porté à en faire une
vérité. C'est à lui et non à nous de payer son incurie ou son
impuissance à exécuter ses engagements.

IV. La résidence des consuls à Fez et à Maroc ; la résidence du consul général dans la ville même où est celle de
l'empereur. Tant que cette mesure ne sera pas prise, le sultan saura fermer l'oreille aux plaintes et aux sollicitations ;
ses conseils seront des tergiversations et ses promesses des
échappatoires. Le traité français de 1767 porte, article 11 :
« L'empereur de France peut établir dans l'empire de Maroc la quantité des consuls qu'il voudra, pour y représenter
sa personne dans les ports dudit empire, y assister les négociants, les capitaines et les matelots. » La résidence dans
les villes de l'intérieur paraît implicitement refusée à nos consuls dans cet article. Au contraire, le traité anglais de 1857
pose en principe que les agents de la Grande-Bretagne s'é-
tabliront où ils voudront et au gré de leur gouvernement,
dans les ports de mer ou les *villes* de l'empire : « Such consul or consuls shall be at liberty to reside in any of the sea-
ports, or *cities* of the sultan of Morocco which they or the
British governement *may choose*, and find most convenient
for the affairs and service of her Britannic Majesty and for
the assistance of British merchants. » Nous voulons arriver
à la personne de l'empereur du Céleste empire ; pourquoi
ne parviendrions-nous pas jusqu'à celle du chérif ? Les raisons se ressemblent fort de part et d'autre ; et il est aussi
aisé d'atteindre Fez que Pékin. La liberté commerciale une
fois garantie, les consuls de Fez et de Maroc se verraient bien-

tôt entourés d'Européens. Sans doute, le gouvernement marocain opposera à la diplomatie des efforts désespérés pour
la retenir sur le littoral ; mais ces efforts même sont une
preuve de l'importance et de l'utilité d'une mesure qui ouvrirait réellement le Maroc à l'Europe. Il se retranchera derrière le fanatisme incompressible des populations. Fanatisme :
oui ; mais impossible à comprimer : non. Que le gouvernement donne lui-même, le premier, l'exemple de la raison,
qu'il n'autorise pas les préjugés les plus violents et les plus
absurdes par sa propre conduite, qu'il se présente à ses sujets comme armé contre tout excès, et alors la présence des
Européens à l'intérieur de l'empire n'entraînera pas plus de
dangers qu'au sein de tant d'autres pays musulmans. Pour-
qoui ne serait-elle pas possible aujourd'hui, puisqu'elle a du-
ré pendant tout le moyen-âge et même jusqu'au siècle dernier ? Cette situation doit-elle durer indéfiniment ? Que veut-
t-on attendre pour travailler à y mettre un terme ?

V. La liberté pour les Européens de résider hors des mellah: Nous ne devrions pas tolérer non plus d'être condamnés
à n'habiter dans les villes que le quartier des juifs, du moment que cette obligation est réputée infamante par les Marocains. Ou bien il faudrait avoir, comme à Tanger, la liberté de s'installer quelle que part que ce soit, au milieu
des musulmans, ou bien créer un quartier spécial pour les
chrétiens. C'est ainsi que les Européens, ou même chacune
des principales nations et républiques chrétiennes commer-
çantes du moyen âge avait leur fondouk particulier, dans les
villes les plus importantes de la Barbarie Ces fondouks,
entourés de murailles et qui jouissaient de priviléges garantis par les traités, semblaient être des cités chrétiennes, des
docks inviolables où les pavillons pouvaient se déployer sans
subir par le fait une humiliation. Est-ce que nous aurions
besoin de recevoir du passé des leçons, non seulement d'habileté diplomatique, mais d'honneur et d'énergie ?

VI. Pour ce qui regarde le commerce entre le Maroc et

l'Europe, signaler le mal ainsi que nous l'avons fait, c'était indiquer le remède : *sublatâ causâ tollitur effectus*. En 1856, M. d'Arlach provoquait les mesures suivantes : — Abolition complète de tout monopole ou restriction commerciale, tant à l'importation qu'à l'exportation ; — liberté absolue de commerce à l'intérieur et faculté entière aux Arabes de pouvoir vendre leurs produits où bon leur semble ; — fixation d'un tarif de douanes modéré, unique pour tous les ports, et dans lequel seraient compris tons les articles que peut produire le Maroc, sans exception ; pour les marchandises d'Europe, fixer un droit en nature de 10 pour 0/0, comme il se perçoit aujourd'hui ; — que tous les droits de douane soient payés au comptant ; — fixer la monnaie à un taux invariable et suspendre la fabrication des flous ; — protéger les agents des négociants européens contre les exactions et les saisies des pachas.

Depuis cette époque, le traité entre l'Angleterre et le Maroc n'a donné qu'une satisfaction bien incomplète au commerce et d'ailleurs il ne reçoit pas une pleine exécution.

A côté des principes de *free trade*, on voit l'Angleterre reconnaître les monopoles du tabac, du soufre, de l'opium, du kif, des sangsues, du plomb, du salpêtre, etc. En vain le chérif s'engage à abolir tout monopole des produits de l'agriculture, sauf les exceptions convenues (article 2) ; il prohibe les blés, les orges, les laines et paralyse la vente des cuirs.

En vertu du même traité (article 12), le tarif est uniforme dans tous les ports de l'empire, tant pour les droits de douane que pour ceux d'ancrage : *the articles of this convention shall be applicable to all the ports in the empire of Marocco*. C'est très bien ; mais pourquoi reconnaître au gouvernement marocain le droit de visite à bord des navires, lorsqu'il suppose qu'ils ont des marchandises de contrebande, soit à l'importation, soit à l'exportation ? Le commerce en est très gêné. Pourquoi aussi aggraver la pénalité qui frappait la contrebande ? Avant le traité, il n'y avait d'autre peine encourue que la perte de la marchandise ; et en vertu du traité (article 14), le contrebandier peut être condamné en outre à une amende égale au triple de la valeur des droits à payer pour les marchandises confisquées, si ces marchandises sont libres. S'agit-il d'articles monopolisés, l'amende peut s'élever au triple de la valeur même des marchandises. Enfin, le contrebandier qui n'acquitte pas l'amende encourt la prison. N'est-ce pas acheter bien cher les concessions obtenues d'ailleurs ?

Heureusement, le traité déclaré renouvelable après cinq ans, pose un antécédent qui permet une amélioration progressive, en rapport avec ce que réclameront les circonstances et les besoins du commerce. Il n'en est pas moins vrai que jusqu'à présent il n'a eu que de faibles résultats à l'avantage du commerce en général.

Le commerce attend donc d'immenses services de la diplomatie. Le commerce français en particulier soupire après l'heure ou la Providence, délivrant le Maroc de son oppresseur actuel, ouvrira la porte à des négociations ayant chances d'aboutir. Elles se trouveraient aujourd'hui confiées à M. le vicomte de Castillon, consul général et chargé d'affaires, qui réunit aux grandes qualités réclamées par sa haute position celles d'un véritable gentilhomme, et dont l'accueil fait oublier aux étrangers les désagréments d'une terre barbare et inhospitalière.

Faut-il prévoir le cas où le successeur d'Abd er-Rahman persisterait à marcher sur ses traces et résisterait à l'influence, à la pression morale de la diplomatie ? Faut-il examiner l'hypothèse d'une guerre avec le Maroc rebelle aux justes exigences de la civilisation, et aller jusqu'à la question de conquête ? je le ferai, sans prétendre le moins du monde exposer autre chose que des opinions ; mais les sachant basées sur l'avis d'hommes compétents, je les présente avec une confiance que je n'aurais pas dans une manière de voir toute personnelle.

Si donc nous étions amenés à faire la guerre au Maroc

nous la ferions soit pour une simple question d'honneur, pour punir une offense, rendre le mal pour le mal et ôter à l'agresseur l'envie de recommencer ; soit pour arracher de force à l'empereur, en menaçant et en lésant ses intérêts, des concessions ou des mesures qu'il repousserait ; soit enfin dans le but de conquérir son royaume en totalité ou seulement l'ancien royaume de Fez. Quelques mots sur chacune des trois hypothèses.

Dans la première, il s'agirait d'un simple bombardement à exécuter sur les points de la côte les plus sensibles, à raison de leur richesse ou de leur importance morale. Tanger, Larache, Salé, Dar-Beïda et Mogador appelleraient naturellement notre escadre. Tétuan exigerait un débarquement : ce qui est plus difficile et pourrait nous engager trop loin, en cas d'un revers improbable, il est vrai, mais néanmoins à prévoir. Le prince Adalbert de Bavière, grand amiral de la flotte prussienne, a bien pu, au mois d'août 1856, recevoir des Rifains un échec et une blessure, et la Prusse en rester là. C'est excusable peut-être à une puissance maritime de second ou de troisième ordre ; mais il faut, en pareil cas, à la France, pleine satisfaction. Aujourd'hui le bombardement des places que j'ai nommées serait des plus faciles, grâces au progrès de notre marine à vapeur, à nos batteries flottantes et aux chaloupes canonnières.

Si on voulait peser sur la volonté de l'empereur par une occupation momentanée de quelques points du territoire, et alarmer son avarice en visant à sa bourse, qui est à la fois sa tête et son cœur, le centre auquel convergent tous ses nerfs (1), si on voulait menacer enfin sa souveraineté, il conviendrait de s'installer à Mogador, à Salé et à Tanger. Mogador est le port qui lui rapporte le plus. En 1853, les importations y ont atteint le chiffre de 4,984,000 francs et les ex-

_____

(1) Ces mots applicables à Abd er-Rahman le seront à son successeur, de chérif à chérif ; l'héritage le plus infailliblement transmis, c'est l'héritage de l'amour de l'or.

portations celui de 5,608,000 francs. L'Angleterre figurait à l'importation pour 3,988,000 fr. et la France, pour 869,000 fr.; à l'exportation, l'Angleterre comptait 4,593,000 fr. et la France 900,000. Mogador est donc un point très sensible, même indépendamment du voisinage de Maroc. De plus, l'occupation de l'île offre un avantage que ne donne pas l'établissement sur la terre ferme : une garnison de cinq ou six cents hommes y serait suffisante. On a remarqué, en 1844, que l'un des côtés du triangle formé par la ville un peu au Nord de l'îlot peut battre le mouillage, de telle sorte que les navires seraient obligés d'évacuer et de s'exposer à la mer en dehors du canal. Mais notre artillerie et les chaloupes canonnières ne permettraient pas aux Marocains de prolonger la lutte. La prédominance des navires à vapeur dans le système actuel de notre marine assurerait d'autre part le ravitaillement, contre les mauvais temps qui, d'octobre en avril, rendent la côte de l'Océan dangereuse aux gros vaisseaux. Une partie des obstacles autrefois signalés, disparaissent donc ou diminuent en présence des heureux changements qui transforment la flotte française.

Salé accessible aux navires d'un faible tirant d'eau verrait entrer dans le Bou Regreg un corps de débarquement. Fez et Mequinez, par l'occupation de Salé, se sentiraient isolées de la mer et menacées par l'ennemi. L'effet moral serait immense.

Tanger nous paraît être le troisième point le plus propre à compléter ces opérations par mer. C'est la station intermédiaire par rapport à la province d'Oran, que les vapeurs relieraient aux ports occupés sur l'Océan. Un corps d'observation placé dans cette province, en face d'Ouchda, surveillerait de ce côté l'armée marocaine et coordonnerait au besoin ses mouvements avec les opérations maritimes. Prendre Tanger, ce serait à la vérité déranger les consuls européens et troubler le marché de Gibraltar. Mais ce coup n'en aurait que plus de retentissement à l'intérieur de l'empire : d'ailleurs, n'est-il pas bon que le Maroc sache de nouveau à quoi s'en tenir sur les assurances qu'il reçoit de l'Angleterre et en retour desquelles les chérifs lui accordent la prépondérance. C'est une persuasion générale parmi les Marocains que la France a besoin pour agir contre eux d'une permission de l'Angleterre. En 1844, le prince de Joinville n'a pas attendu le signal de M. Drummond-Hay pour ouvrir le feu sur Tanger; il lui a seulement donné le temps de mettre sa tête à l'abri. On a dit que le prince était fort du bombardement de Beyrouth, dont quatre ans n'avaient point effacé la mémoire ; nous serions fort de Périm et nous le sommes aussi, dans un autre sens de la guerre d'Orient. On ne nous habituera plus, espérons-le, à ne jamais rien résoudre sans poser la question préalable : que dirait l'Angleterre ?

Terminons par quelques rapides considérations sur la troisième hypothèse ; celle d'une guerre de conquête avec le Maroc.

Peut-il naître un *casus belli ?* Eh ! mon Dieu, il y en a tous les jours, il y en a de permanents qui sont de nature à déterminer la guerre d'occupation. Et celle-ci entraînerait aisément la nécessité de l'agrandissement ou de la conquête.

Rappelez-vous l'Inde anglaise, rappelez-vous Alger. Voyez où nous en sommes à Canton et à Touranne. L'occupation temporaire ou restreinte expose à la nécessité de la conquête soit pour la défense soit à cause de son insuffisance pour atteindre le but qui l'a motivée. L'incendie sort souvent d'une étincelle. Or, ne répandez pas la poudre aux frontières du Maroc. Les étincelles n'y manquent pas : Agressions de tribus, actes de piraterie, impuissance et mauvais vouloir à remplir les engagements des traités (1).

Un *casus belli !* mais cette condition est-elle nécessaire ?

_____

(1) Que devient relativement au Rif l'article 34 du traité politique de 1857, par lequel Abd er-Rahman s'engage à déployer toute sa puissance pour découvrir et châtier les pirates. « *The sultan especially engages to use his utmost efforts*

Quand un peuple en est arrivé à l'état où se trouve celui du Maroc, et lorsqu'il est impuissant à se lever lui-même sous le joug qui le tient contre terre, n'est-il pas à notre égard comme un idiot, ou comme un mineur tombé entre les mains de brigands et qu'on a le droit de sauver malgré lui ?

Lorsque le roi de Portugal, Edouard Ier, méditait l'expédition de Tanger, qui eut en 1437 une si malheureuse issue, il éprouva des scrupules et soumit ses projets de conquête aux théologiens portugais et à la cour de Rome, en forme de cas de conscience. De Rome on lui répondit qu'on ne pouvait légitimement déclarer la guerre à un peuple pour le seul fait de fausse religion : car les éléments, la terre, l'eau, etc., ont été créés pour les hommes en général sans distinction de croyance. Mais on ajoutait que l'on pouvait reprendre aux infidèles les terres conquises sur les chrétiens et combattre des agresseurs.

Or, à ce double titre et en vertu de principes supérieurs aux conventions de la diplomatie moderne, le Maroc était en 1437 et il est encore dans le cas de subir une conquête légitime de la part d'une nation chrétienne. C'est du moins notre opinion. L'ancienne *Hispania transfretana* a beau être depuis plus de mille ans entre les mains des musulmans, les droits de la famille chrétienne odieusement violés sont imprescriptibles; et tant qu'il existera une puissance consacrée par le baptême, ils pourront être revendiqués au nom du Christ, de même que les titres des anciennes églises ne meurent pas et se confèrent aux évêques *in partibus*, en attendant que les siéges épiscopaux soient véritablement relevés.

Voilà pourquoi encore les papes n'ont point abandonné l'idée des croisades, tant que le traité de Westphalie n'eut

---

to discover and punish all persons on his coasts or within his dominions who may be guilty of that crime (of piracy). »

Quelle dérision ! Est-ce que les traités avec le Maroc sont des traités !

pas consacré politiquement la destruction de l'unité de l'Europe chrétienne. Les czars ont repris cette idée en sous-œuvre, et ils cherchent à l'appliquer dans leur intérêt exclusif, comme chefs de l'église gréco-slave et soi-disant orthodoxe. Ni le traité de Westphalie, ni les prétentions outrecuidantes des czars ne changent au fond le droit sur lequel s'appuyaient les papes.

Enfin, les musulmans sont toujours en guerre avec nous virtuellement, puisqu'ils proclament comme un dogme, comme un précepte rigoureux de leur loi politico-religieuse, l'obligation qui leur incombe de nous combattre, de nous soumettre au tribut ou de nous exterminer, du moment que le succès de leurs armes n'est pas douteux.

En dehors de ces considérations qui ne sont pas admises dans le moderne droit des gens, mais qui n'en ont pas moins leur valeur intrinsèque, au for de la conscience, nous n'aurions plus besoin que d'un prétexte pour colorer nos actes aux yeux de la diplomatie européenne; et l'on a vu que les raisons dont elle reconnaît elle-même la valeur ne nous feraient pas défaut.

Le droit que nous attribuons collectivement aux puissances catholiques, la France est seule en mesure d'en user à notre époque, et la Providence en lui donnant l'Algérie semblerait lui avoir en effet confié cette mission.

La conquête du Maroc est-elle désirable ? Considérée en elle-même, abstraction faite de l'opportunité, la conquête du Maroc par la France est désirable dans l'intérêt des deux pays et dans l'intérêt général de l'humanité. Il serait bon que la France eût une action directe sur le détroit, comme l'Espagne par Cadix et Ceuta, et l'Angleterre par Gibraltar. Que fait là l'Angleterre ? Ce n'est point sa place naturelle. Entrée à Gibraltar en 1704, par surprise d'une garnison de cent hommes, elle se l'est adjugé, en 1713, au traité d'Utrecht, où elle abusa de son rôle d'arbitre de l'Europe. Elle y reste, chancre venimeux au flanc de l'Espagne, et menaçante pour nos possessions africaines. Il y aurait convenance à nous fortifier vis-à-vis d'elle.

Le Maroc gagnerait à passer sous le sceptre de la France ; car la civilisation vaut mieux que la barbarie, l'Evangile mieux que le Coran, la liberté mieux que le despotisme. Ce coin du globe pourrait enfin jouir des biens que le ciel lui a prodigués et répandre parmi les peuples les trésors qui restent ensevelis dans son sein.

Enfin, l'un des meilleurs chemins de l'Afrique centrale serait ouvert à l'Europe et au christianisme.

Il ne faut pas se le dissimuler, si la France ne veut pas décheoir du rang de puissance de premier ordre, elle doit chercher à s'agrandir, que ce soit plus ou moins hors du cercle de l'équilibre européen. Ne voyez-vous pas les nations rivales planter au loin les jalons de leur influence présente et de leur future domination ? La Russie, ce monstrueux polype, allonge continuellement ses redoutables tentacules ; ils rayonnent sur vingt mers, à l'embouchure des grands fleuves, de la mer Jaune au Bosphore, de l'Amour au Danube et la mer Noire. La perfide Albion ne quitte pas un instant de l'œil la mappemonde ; elle sait bien mieux que nous sa géographie et ne dédaigne pas plus un continent dans l'Océanie qu'un rocher au canal d'Otrante, au détroit de Gadès ou de Bab-el-Mandel. Frère Jonathan, digne fils d'une telle mère, ne se lasse pas d'annexer ; il couve ainsi du regard la riche Havane et pose en principe que les Espagnols sont des intrus en Amérique. Si l'Asie est principalement dévolue aux Slaves, l'Océanie et l'Amérique à la race anglo-saxonne, l'Afrique ne ne sera-t-elle pas à la France ? *In challah !*

Toutefois, il ne paraît pas raisonnable de penser à effectuer, quant à présent, la conquête même partielle du Maroc. L'Europe est dans une situation qui nous oblige à conserver la libre disposition de nos forces, pour répondre aux éventualités : la question d'Orient n'est point résolue, et une question italienne surgit grosse de tempêtes. Ensuite l'Al-

gérie est trop en souffrance pour adoucir autant qu'il conviendrait l'énorme fardeau qu'une guerre de conquête au
Maroc imposerait à la France. Ah! je souhaite de tout mon
cœur à notre inappréciable colonie un Sully doublé d'un Col-
bert! Elle se suffirait bientôt à elle-même et au-delà. Dès
lors on irait de l'avant sans s'effrayer du chiffre de cent mille
hommes qui serait nécessaire, au dire d'experts, pour con-
sommer l'entreprise devant laquelle nous nous arrêtons aujourd'hui. Enfin, une dernière raison d'attendre, c'est que le
temps ne nous presse pas. La France seule est en mesure
de s'emparer du Maroc. Elle a des armées et une marine
plus que suffisantes ; elle a une base d'opérations en Algérie ; elle connaît la guerre d'Afrique. Détruire l'armée régulière des chérifs, ce serait l'affaire d'un instant, si cette armée nous faisait le plaisir de s'offrir à nous : il ne resterait
plus alors que la guerre commune d'Algérie et de Kabilie,
telle que nous l'avons pratiquée et telle qu'on en voit la
théorie dans les livres de M. le général Yusuf et de M. le
colonel Laure. Les Anglais ne connaissent pas les Berbers
ni les Arabes, et s'ils ont toutes les facilités désirables pour
un débarquement, ils ne pourront de longtemps mettre sur
pied une armée convenable pour la conquête et l'occupation
du Maroc. Leurs soldats ne s'habitueraient que très difficilement au genre de fatigues et de privations inséparables des
campagnes d'Afrique. Enfin, l'Angleterre aurait besoin de
l'assentiment de l'Espagne durant toute la durée des hostilités ; autrement Gibraltar, avec ses trente mille habitants,
serait réduit à ne vivre que de salaisons. La viande fraîche,
les légumes et les fruits lui viennent du Maroc, de San-
Roque, d'Algésiras. Adieu le comfort. Nous avons donc sur
l'Angleterre d'immenses avantages et nous serons prêts
avant elle pour une entreprise dont l'heure sonnera tôt ou
tard.

L'Espagne elle-même n'est pas en mesure de nous prévenir. L'obligation de fournir à l'approvisionnement complet

de Gibraltar en vivres frais, sous peine d'irriter John-Bull,
dont l'estomac est vaste et l'appétit impérieux, la difficulté
de trouver l'argent, les moyens de transport et de ravitaillement nécessaires créeraient à l'Espagne des obstacles sérieux. Ses presidios ne lui rendraient pas de grands services : ce n'est point par le Rif que le Maroc est vulnérable.
Mais il faut reconnaître que le soldat espagnol serait propre
d'ailleurs à la guerre d'Afrique : il est accoutumé à un climat
chaud, il est sobre, il résiste à la fatigue des guerillas et se
contente de rien. On sait en Algérie combien l'Espagnol,
homme du peuple, ressemble à l'Arabe sous ces divers rapports.

Au résumé, de nombreux motifs doivent écarter pour le
moment toute idée de l'agrandissement de l'Algérie aux dépens du Maroc. Si pourtant les circonstances, les vicissitudes
politiques nous y amenaient, si nous avions à craindre d'être
devancés, si seulement les Anglais reprenaient le projet,
mûri il y a quelques années, de s'établir en face de Gibraltar, entre Tétuan et Ceuta (1), si le successeur d'Abd-er-
Rahman persévérait dans les voies de ce dernier, s'il se faisait contre nous, à son exemple, l'homme lige de l'Angleterre, alors il faudrait aviser et agir selon le sentiment na-
tional qui ne reculerait devant aucun sacrifice.

On reprendrait la campagne de 1844 ; on pousserait la
guerre de différents côtés, de sorte que le Chérif ne saurait
où porter la défense, et l'on se hâterait de lui susciter, pour
comble, quelque prétendant à la souveraineté. Le trône de
Maroc et de Tafilet rétribuerait les bons offices de ce rival,
à moins que le chérif régnant ne s'en contentât pour lui-même,
comme condition de paix. On conçoit politiquement et topographiquement la séparation du royaume de Fez : politiquement, puisque cette séparation se produit dans l'histoire, et
topographiquement, car le Bou-Regreg et le grand contre-

(1) Voir Calderon, ou la *Revue des Deux-Mondes*, 1844, t.
VIII, p. 63.

fort de l'Atlas qui se prolonge sur sa rive gauche depuis
ses sources jusqu'à son embouchure, forment une barrière
naturelle entre le Nord et le Sud de l'empire, ou entre les
royaumes de Maroc et de Fez. Aussi, lorsque le chérif va de
l'une à l'autre de ces capitales, il tourne cette barrière en
passant par Salé.

Suivant donc cette supposition de la conquête distincte
du royaume de Fez, on pourrait occuper Mogador jusqu'à la
fin de la guerre, et s'avancer de plusieurs points à la fois et
par campagnes successives sur Fez et sur Mequinez.

Salé est toujours le point le plus important. Il ouvre une
porte au cœur du royaume, dans un enfoncement de la côte
qui nous rapproche à la fois de Mequinez et du grand contre-
fort signalé tout à l'heure comme une limite et une défense
contre les populations méridionales.

De Tanger on s'avancerait sur Alcazar, dans la direction
de Fez. Le chemin de ce Sahel n'est pas difficile, et l'on y a
conduit en 1852 des pièces de siége sur leurs affûts. Tétuan
qui coupe la ligne des presidios espagnols et qui, s'élevant
au fond d'une baie, donne accès au cœur de la même région,
serait utilement occupé dès le début. On suspendrait ainsi
une fabrique d'armes très active. La communication entre
Tétuan et Tanger serait, si je ne me trompe, assurée par un
poste à mi-chemin, près d'Aïn Djedida, là où l'on rencontre
sur la montagne un caravansérail. Enfin par Ouchda et Taza,
marcherait une autre colonne, qui aurait, à n'en pas douter,
des nuées de Rifains sur les flancs. Elle serait forte de quinze
ou vingt mille hommes, divisée par corps indépendants mais
rapprochés; elle occuperait le territoire au fur et à mesure
de la conquête, de manière à se maintenir en communication avec la province d'Oran. C'est le moyen d'assurer ses
derrières et de pourvoir à sa subsistance.

En Algérie, des colonnes de cinq ou six mille hommes
suffisaient. Il faudrait doubler ce nombre au Maroc, pour ne
pas s'engager imprudemment, et parce que d'ailleurs les ap-

provisionnements par l'Algérie ou par mer et ceux que four-
nirait le pays conquis garantiraient l'armée contre la disette
de vivres et de munitions.

Quelques places exigeraient peut-être un siége ; mais on
croit que Mequinez seul offrirait de graves difficultés. Fez
n'a jamais opposé de résistance sérieuse.

La division du pays en damier, sur le modèle de l'Algérie
actuelle, mettrait le sceau à la conquête : chaque angle des
carrés se trouve gardé par un poste assez rapproché pour recevoir le secours de ses voisins ou leur porter le sien, et le
territoire entier voit sans cesse la main de fer des vainqueurs s'appesantir sur lui au moindre mouvement. Ces postes créent d'ailleurs autant de centres où l'intérêt mercantile
diminue, à chaque marché, la haine contre l'étranger.

Quant à la résistance que l'on peut attendre des populations, nous devons nous en tenir à des conjectures. Aux dé-
buts de la guerre, il est probable que l'envahisseur aura contre lui tout l'empire. Arabes et Berbers, Nègres et Maures,
Khouan de toutes les confréries, feront pour un temps cause
commune au nom de la religion. Quel musulman n'est heureux d'aller un peu au Djehad et de jeter un peu de poudre
aux yeux des infidèles ? Mais ce beau feu se calmera sous
l'influence des revers et des divisions intestines qui ne tar-
deront pas à affaiblir la cohue des défenseurs de l'Islam. On
tâchera de leur faire entendre qu'on ne vient point détruire
les mosquées ni les sanctuaires, porter atteinte à la liberté
de la religion ni aux fortunes privées, mais plutôt alléger le
joug sous lequel ils gémissent, augmenter le nombre de leurs
douros et garantir aux populations la paix et la justice mieux
que les chérifs n'ont su le faire.

L'Algérie est là comme preuve à l'appui de notre parole,
mais aussi comme exemple de l'inutilité de la résistance
poussée même aux dernières limites. Il est permis de penser
que la lutte durerait moins au Maroc qu'en Algérie. *Mektoub !*
c'était écrit ! On a eu peine à le prononcer une première fois.

Il sera plus facile de le répéter, puisque des voisins l'ont déjà dit. Les désastres causés par la guerre avec les Français seront d'une éloquence qui éveillera les intelligences les plus obtuses, et elles comprendront qu'il ne s'agit pas, comme entre Marocains, de brûler de la poudre toute une journée pour ne tuer personne et se retirer ensuite chacun chez soi.

La conquête du Rif présentera des difficultés particulières. Le pays se hérisse de montagnes escarpées, boisées ; il n'a pas de routes ni de ressources pour la subsistance d'une armée ; il ne se prête pas au ravitaillement par mer ; ses hommes sont tous pourvus d'armes, vaillants, dit-on, excellents tireurs, habitués à la vie des *guerilleros*, exercés déjà dans les combats contre les Espagnols. Mais on saura s'y prendre et traiter le Rif comme la Grande-Kabilie. Rien n'empêche qu'on l'isole et qu'on en prenne possession lorsque l'on jugera le moment favorable. Pendant la belle saison, des vapeurs de guerre d'un faible tirant d'eau visiteraient minutieusement le littoral et détruiraient les karabos et toutes les embarcations qui importent à Oran des bois de charpente, de l'huile, des fruits secs, du miel et du beurre, et qui exportent du fer, du soufre et une petite quantité de draps et de denrées coloniales. Le marché de Nemours serait fermé aux montagnards du voisinage. L'ensemble de ces mesures, ce blocus prolongé, après l'occupation de Tétuan, d'Oudchda et de Taza généraient beaucoup les Rifains et les annulerait. Il resterait ensuite à leur prouver que les zouaves font mieux qu'eux la guerre de montagne, et que nos pièces de campagne l'emportent sur le *canon-marabout* dont ils déplorent la perte à Melilla. Ces arguments ne laisseraient rien à désirer et mettraient à bout le courage des Rifains. Ce courage serait du reste problématique, s'il fallait l'apprécier d'après la conduite des quinze ou vingt mille askars qui regardèrent de loin la bataille d'Isly et s'enfuirent à toutes jambes sans prendre part à la lutte.

Une raison d'espérer que les populations du litoral de l'Océan ne se montreraient pas longtemps intraitables, peut-être tirée de l'histoire de l'occupation portugaise et de l'influence qu'elle exerça sur les contrées voisines de ses établissements. Les relations d'intérêt se nouèrent sans grande difficulté ; les Portugais administraient des tribus par l'intermédiaire de chefs indigènes, comme nous le faisons en Algérie ; et leur passage assez rapide a cependant laissé des vestiges qu'on retrouve encore dans la langue du pays. Les hostilités qui les fatiguèrent ne furent pas suscitées par les tribus, mais par les chérifs ou le pouvoir central, que nous abattrions. Et encore, si les Portugais ont perdu leurs postes, c'est généralement par une évacuation volontaire que leur préférence pour le commerce des Indes a déterminée.

En terminant ces considérations, la plupart stratégiques, je prie le lecteur de ne pas s'en scandaliser. Elles ne sont pas directement de notre compétence, à nous autres ecclésiastiques ; mais il nous est permis d'arrêter nos réflexions sur tout ce qui regarde les intérêts de la patrie. Je n'ai pas prétendu exprimer autre chose que de simples opinions ; ces opinions, je me les suis faites en prêtant l'oreille aux discussions d'hommes du métier ; puis, elles portent sur des questions générales que l'on peut saisir sans avoir appris la charge en douze temps. C'est pourquoi je n'ai vu nul inconvénient à les publier.

Alger. — Imprimerie de A. BOURGET, rue Sainte, n° 2.

www.ingramcontent.com/pod-product-compliance
Lightning Source LLC
Chambersburg PA
CBHW072117090426
42739CB00012B/3004